문지스펙트럼

문화 마당
4-009

문명의 배꼽
—이 복닥대는 관념들, 이미지 · 정보화 사회 · 문화 산업 ·
신세대 사이의 '슬슬(瑟瑟)'과 '울울(鬱鬱)'

정과리

문학과지성사

문화 마당 기획위원

오생근 / 정과리 / 성기완

문지스펙트럼 4-009

문명의 배꼽

지은이 / 정과리
펴낸이 / 채호기
펴낸곳 / 문학과지성사

등록 / 1993년 12월 16일 등록 제10-918호
주소 / 서울 마포구 서교동 363-12호 무원빌딩 4층 (121-838)
전화 / 편집부 338)7224~5 팩스 / 323)4180
영업부 338)7222~3 팩스 / 338)7221
홈페이지 / www.moonji.com

제1판 제1쇄 / 1998년 11월 25일
제1판 제4쇄 / 2001년 4월 20일

값 5,000원
ISBN 89-320-1033-1
ISBN 89-320-0851-5

문명의 배꼽

──이 복닥대는 관념들, 이미지 · 정보화 사회 · 문화 산업 ·

신세대 사이의 '슬슬(瑟瑟)'과 '울울(鬱鬱)'

책머리에

  이 책은 현대 문명과 문화에 대해 최근 5년 동안 쓴 글들을 모아놓은 것이다. 글들의 상당수는 『씨네 21』 『HOW PC』, 그리고 일간지의 칼럼으로 띄엄띄엄 발표된 것들이다. 이 책이 한 일은 그 글들을 모아 체제를 부여한 것뿐이다. 그 체제는 지형학적이지 않고 위상학적이다. 영역별로 분류하지 않고 덩어리진 관념들의 구면체를 보여주고자 했다는 것이다. 그렇게 한 데에는 오늘의 새로운 문제들, 즉 이미지 문화의 쇄도, 정보화 사회로의 돌입, 신세대의 부상, 문화 산업의 창궐 등이 서로 긴밀하게 연관되어 있고, 그것을 그렇게 총체적으로 볼 때에만 문제의 심연에 다가갈 수 있다는 생각이 작용하였다. 나는 이 문제의 심연에 '지식' 혹은 한국 지식인의 위기를 비추고 싶었으나, 그것을 읽는 일은 독자의 몫이다. 또한, 이 글들이 세상을 비추는 각도는 한 사람의 문학평론가가 세상 속에 위치하는 지점과 방식에 의해 결정되었다는 것을 독자들께서는 유의해주시기를 바란다. 이 글들은 그러니까, 내가 자주 쓰는 표현을 다시 쓰자면, 낡은 문화의 심장이자 새 문명의 잠재적 헛간인 곳에 갇힌 자가 문구멍을 통해 바깥 세상에 송신하는 메시지, 혹은 어떤 소음들이다. 그것들이 대화의 빈터를 얼마나 넓힐 수 있는지도 역시 독자가 판단할 몫이다.

산일적으로 발표된 글들이기 때문에 그것들이 씌어질 당시의 정황에 의해 다양하게 굴절된 것은 불가피한 일이다. 각 글의 말미에 씌어진 때를 명시한 것은 그 때문이다.

1998년 11월
정　과　리

차례

가장 잘 해석된 꿈들도 빈번히 어두컴컴한 지점을
남겨놓는다. 거기에서 우리는 풀릴 수 없게 엉켜
있고, 게다가 꿈의 내용에 관해 어떤 정보도 주지
않는 사유의 타래를 본다. 그게 바로 꿈의
배꼽이다. '미지' 속에 뿌리를 내리고 있는 그 반점
말이다.

—프로이트, 『꿈의 해석』

구 멍

깬 채로 홀리지 않기

어느 모임에서 아는 선생님 한 분이 묻는다. 세상이 어떻게 될 거 같아요? 잠시 생각에 잠겼던 내가 되묻는다. 세상 돌아가는 게 꼭 편하시지만은 않지요? 기다렸다는 듯이 선생님은 말한다. 한 학생이 와서 그래요. 누군가 어른 한 분이 "너희들 이러면 안 돼"라고 큰 소리로 꾸짖어주었으면 좋겠어요.

그 선생님도 나도 뭔가 찜찜하고, 그래서 울적하다. 그 어느 순수한 학생처럼 오늘의 세상이 타락 속으로 치닫고 있다고 꼭 생각해서도 아니다. 그에 대한 판단을 내리기에는 우리의 분석 도구는 너무나 빈약하다. 그 선생님이나 내가 낡은 훈장처럼 달고 있는 지식인이라는 존재가 본래 의심을 먹고 사는 존재라서 그런 것은 아니다. "세상의 혼란은, 바보는 수도꼭지처럼 확신에 차 있고 지식인은 의심으로 가득 차 있다는 데서 온다"(러셀)라는 말이 있기는 하지만, 지금 한국의 지식인들을 무기력하게 만드는 것은 무엇보다도 몸의 체험의 급격한 변화이다.

그 몸의 변화에 대한 당황스런 체험은 적어도 세 가지 요인이 동시에 작용하면서 시작되었다. 우선, 1987년 6월 항쟁과 더불어 군사 독재의 질곡에서 우리는 마침내 벗어났다. 그럼으로써 민주화의 형식적 요건이 마련되었다. 다음, 1990년대 초엽 현실 사회주의가 붕괴하였다. 그것은 한국의 지식인들에게 전망의 혼란을 초래하였다. 그리고 이 와중에서 세상은 산업 사회로부터 정보화 사회로 급격히 이동하기 시작하였다. 그것은 사유와 지식의 패러다임의 변화를 요구하는 것이었다.

요약하자면, 형식은 생겨났지만, 내용은 증발하였고, 방향은 시야를 벗어나버렸다. 문득 한국의 지식인들은 시간의 찢긴 틈새 사이로 이탈해 실제의 시간보다 10년 정도 느린 시간대에 떨어져버린 것이었다. 영화 「랭골리어스 The Langoliers」에서처럼 세상은 엄연히 있으되 통화할 수 있는 생명의 흔적은 어디에서도 보이지도 들리지도 않았다.

실제의 시간에서는 무슨 일이 벌어졌는가? 지식인들의 고민거리가 사라진 그 자리에 다른 화두가 끼여들었다. 욕망이 그것이었다. 보기에 따라서는 1990년대의 사회는 1987년이 이룬 민주화의 자연스런 발전으로 보일 법도 하다. 도처에서 개인의 자유와 행복을 보장하는 목소리가 들렸고 물증들이 제출되고 있는 것이다.

그러나 이 개인성의 극대화는 말 그대로의 값을 지니고 있는 것일까? 지난 수년 간의 가공할 변화를 목도하면서 내가 알게 된 것은, 개인성이라는 것이 실제 우리가 영원히 다다르지 못하는 가공된 실재계에 지나지 않는다는 것이다. 우리가 누리는 것은 개인성의 대리물로서의 연물(戀物)들일 뿐이었고, 그러니, 몽테뉴를 빌려 표현컨대, 개인이란 겨우 입술 위에서만 생명을 파닥이고 있을 뿐이다. 나머지들, 대뇌와 심장과 근육을 지배하고 있는 것은 우리에게 개인성의 환상을 주입하고 있는 다양한 배후들이다. 가령, 하이퍼텍스트소설이라는 새로운 문화 양식을 실험하고 있는 어느 사이트를 소개하면서, 첨단의 네트맨이 "사이트의 디자인이나 구성은 확실히 깔끔하지 못하고 지저분한 면이 없지 않지만 눈감아 주자. 펑크족이 정장을 하고 실실 웃고 있는 모습은 생각만 해도 어색하기 그지없으니까"라고 실실거릴 때, '눈감아주자'라는 말 한마디를 제외한 다른 말들은 모두 모종의 집단적 목소리가 투영된 것에 불과한 것이다. 당신은 "네 멋대로 하라"고 외치고 있지만, 그러나, 그 당신의 '나'는 정말 당신인가? 그것은 가공 처리된 '나'에 불과한 것이다.

시간대가 어긋나버린 한국 지식인들이 돌아가야 할 곳이 바로 그런 곳이다. 그러니, 그들이 돌아갈 때 그냥 깨어 있기만 하면 안 된다. 눈뜬 당신은 흔적도 없이 시간의 괴물에게 잡아먹힐 것이다. 그렇다고 영화가 권유하듯이 잠들어 있어

서도 안 된다. 오히려 눈을 부릅떠야만 한다. 표면의 아름다
움을 꿰뚫어 배후의 생리와 구조를 직시해야만 한다. 그러지
않으면 또다시 유기당할 것이다. 깬 채로 홀리지 않기, 그러
나, 지금 그것은 얼마나 어려운 목표인가? 그게 사활을 건
문제인데도……   〔1996. 12〕

풍경들

문화 산업이 아니라 문화가 문제다

새 대통령 취임사를 읽자니, "문화 산업은 21세기의 기간 산업"이라는 말이 눈에 확 띄었다가 티처럼 끼어서 뜨악한 기분을 남긴다. 곰곰이 생각해보니, 문화가 산업의 근본이라는 말은 가능해도 문화 산업이 기간 산업이라는 말은 아무래도 어색했기 때문이다. 아마도 문화의 생산적 측면을 강조하기 위해서 그 말이 쓰였을 터이고, 그것은 문화가 생활의 잉여로부터 경제 활동의 중요한 자원으로 부상한 오늘날의 상황을 썩 시의적절하게 반영한 것일 수도 있다.

그러나 관광이건 영상이건 문화 산업의 생산물들은 말 그대로 문화의 '산물'이지, 문화의 핵심은 아니다. 요컨대 문화의 실질이 제대로 갖추어지고 채워져야만 구경거리도 꾸밀 수 있고 내다 팔 것도 만들 수 있다. 그러니, 문화 산업에 박차를 가하기 이전에 문화 그 자체를 북돋는 일을 우선해야 하지 않을까 싶은 것이다. 게다가 한국 문화의 현주소를 가늠해볼라 치면, 그 생각은 당연하다는 정도를 넘어서서 절박한 지상 명령처럼 내게는 느껴진다.

잘 아시다시피, 1990년대는 한국에서 그 '문화'라는 신종 괴물이 홍두깨처럼 등장해 콜레라처럼 번진 시대이다. 하지만, 팽창한 것은 문화 산업이지 '문화'가 아니었던 게 탈이었다. IMF의 벼락을 맞기 전까지 대략 6∼7년 간의 시기에, 한국 문화의 장(場)에서는 문화의 실질은 증발한 채로 문화의 외형만 요란했고, 사람들은 생산적인 문화를 키우는 대신에 소비 문화만 다품종 다량으로 생산해왔던 것이다. 게다가 그 문화 산업 속의 문화가 미국─일본의 직항로를 통해 공수된 외래종 일색이라서 바깥으로 수출하기는 언감생심이고 그저 이 안에서 우리끼리만 흥청망청 써대기만 했을 뿐이었다.

그래서 나는 다시 한번 놀림이 자연스런 쪽으로 혀를 굴려보는 것이다. 문화 산업이 기간 산업인 게 아니라, 문화가 삶의 근본이라고. 비유를 하자면, 문화란 복잡한 도로에서 모든 방향으로 통하는 통로와도 같은 것이다. 가령 올림픽도로의 어느 지점에 '모든 방향으로 *Toutes les directions*' 통하는 통로가 하나 있어 그곳만 돌아나가면, 노량진 수산시장이든, 종합운동장이든, 김포공항이든, 여의도든 마음대로 갈 수가 있다고 생각해보시라. 나는 외국의 어느 도로망에서 그것을 보고 도로에 심장의 개념을 도입한 탁발한 발상이라고 감탄한 적이 있는데, 문화도 그와 같은 의미에서 삶의 심장과 같은 것이고, 올림픽도로에 그런 통로가 없듯이, 한국의 문화도 지금 심장이 달아난 채로 살만 뒤룩뒤룩 찐 빈사(瀕死)의 뚱보 꼴을 하고 있는 것이다.

여기까지 생각이 미치니 아까 뜨악했던 기분이 어느새 답답한 심근 경색으로 번질 조짐이다. 어느 분의 앙큼한 관찰에 의하면, 역대의 국가 기구 편성에서 문화는 번번이 독립을 하지 못한 채로, 늘 시녀 노릇만을 해왔다는 것이다. 저 오래된 문교부(문화교육부)에서건, 어제 간판을 내린 문체부(문화체육부)에서건, 문화는 다른 부문의 들러리가 되어서만 겨우 명맥을 유지했다는 것이다. 그러고 보니 새 정부의 기구 편제에도 문화관광부로 되어 있지 않은가? 이번엔 문화가 관광의 시녀 노릇을 할 참인가? 정작 문제는 문화 그 자체를 복구하는 것인데, 중병을 앓는 문화를 그대로 관광 문화에 투입하는 꼴을 보이지나 않을까? 그래서, 『수궁가』의 별주부가 간 빼논 토끼에게 농락당하듯, 문화 빠진 문화 산업을 붙잡고 헛심을 쓰게 되지나 않을까? 새 정부가 보여준 저 발심(發心), 온 국민의 소망을 생각건대, 내 생각이 그저 노파심이고, 한갓 기우이기를 바라고 바랄 뿐이다.

〔1998. 2〕

오늘의 미래 편식증

아무리 생각해도, 한국 신문의 기준은 객관성이 아니다. 한국의 내일이 걱정된다고, 아니 한국이 21세기의 주역이 되어야 한다고 어린이에게 인터넷을 가르치자는 운동을 이렇게 불같이 전개하고 있으니 말이다. 하나도 아니고, 두 일간지가 질세라 후끈 달아서, 경쟁적으로 거의 매일 세 면 이상을 인터넷 이야기로 채우고 있는 것이다. 연전엔 한국의 오늘이 걱정스럽다고, 어린 가수들까지 동원해서 폭죽을 터뜨리며 환경 운동을 벌이지 않았던가. 개화기 때부터 한국 신문은 한번도 이런 애국계몽주의를 버린 적이 없으며, 그러니 생각건대 우리 신문은 분명 이념지이다. 때때로 신문의 기준이란 공평부당성과 객관성이라는 목소리가 들려오는 까닭은 아마도, 미국에서 들여온 모범 답안을 누가 학습하고 있는 중이리라.

이러한 한국 신문의 태도를 못마땅하게 생각할 이유는 전혀 없다. 오히려 거꾸로다. 나는 신문이 객관성과 공정성을 표방하는 것은 수작에 불과하다고 생각하는 쪽이다. 신문이란 모름지기 유럽 쪽 신문들처럼 떳떳이 제 입장을 밝히고 그 소신에 따라 사태를 기술하고 비판과 성원의 목소리를 담아야 한다는 게 내 생각이다. 한국의 신문들은 그런 내 생각과 잘 어울린다. 다만, 지금까지 한국 신문들이 자신이 내세운 입장들을 일관되게 지켜왔는가는 문제이다. 그들이 애국의 차원에서 주장하고 촉구한 것들은 한두 가지가 아니다. 그것들 사이에 일관성이 있는가? 변화가 있다면, 그 변화에 대한 자체 해명이 '한번이라도' 있기는 했는가? 옛날의 물산 장려 운동을 무색하게 할 정도로 애국의 열정으로 가득 차 있는 만큼, 차제에 나는 한국 신문들이 이 '책임'이라는 문제를 좀더 분명히 자기 문제로 받아들여주었으면 싶다.

그건 그렇고, 어린이에게 인터넷을 가르치자는 오늘의 운동에 대해서도 나는 전폭 공감하는 바이다. "미래는 어린이 손끝에 달"린 것도 사실이고, "우리의 어린이들만큼은 〔……〕 정보화 시대를 세계인들과 더불어 함께 건설하고 경쟁하기 위해 그 대열에 적극 동참하도록 만들어주"어야 한다는 이 진취적인 생각에도 딴지를 걸 생각이 없다. 속마음을 말하자면, 세계가 정보 통신 시대로 접어든 것은 어쨌든 사실이고, 그것을 긍정하든 부정하든 그 세계 속으로 뛰어들지 않을 수 없으며, 기왕 뛰어들려면 좀더 적극적으로 뛰어들어야 하는 것이다. 그리고, 운동을 벌이는 사람들의 의도가 어떻든 운동의 '역군'들은 그것을 제 방식대로 소화해내서 운동의 의도를 훨씬 뛰어넘을 수 있을 테니까 말이다. '아는 것이 힘이다' '지피지기면 백전백승'이라는 말은 언제 어느 상황에서든 진리값을 가지고 있는 것이다.

하지만, 찜찜한 게 하나 남아서 나는 마냥 흐뭇하지만은 않다. 이 운동 속에 미래는 있지만 현재는 없지 않은가, 하는 의혹 때문이다. 이 정보화라는 이름의 포탄이 왜 교육의 장에만 떨어지고 있는가? 보다 중요한 것은 생활의 장이 아닌가? 그리고 그것이 정보의 인프라를 구축하는 첫걸음이 아닐까? 이러한 의문은 정부의 주요 인사들이 일간지의 운동에 동참하기로 했다는 광고를 보면서 더욱 커진다. 순서가 잘못된 게 아닐까? 정부가 주도를 하고, 신문이 거기에 동참을 하는 게 올바른 것이 아닐까? 이런 의문을 품고 있는데, 어느 신문에서는 국립중앙도서관을 하이넷-P망을 통해 서비스하기로 했다면서, "도서 정보 안방에서 얻는다"고 커다랗게 제목을 달고 있는 게 눈에 띈다. 요컨대 정부도 가만히 있는 건 아닌 모양이다. 하지만 생각해보자. 문명은 왜 우리의 안방으로만 몰려오는가? 안방의 컴퓨터며 모뎀은 누가 구입하고, 그 사용료는 누가 지불하는가? 한국통신에서 제공하는 단말기를 이용하는 사람은 국민의 몇 프로나 되는가? 안방에선 정말 인터넷 항공이 뜨고 있기는 한가? 거긴 총싸움하는 서부거나, 잡담방은 아닌가? 안방이 아닌 거리나 공공 장소에서 인터넷을 여행할 수 있는 단말기는 갖추어져 있는가? 하다못해 국립 도서관이며 대학 도서관들에 전국의 도서관 목록을 검색할 수 있는 장비와 소프트웨어는 준비되어 있으며 열람객이 그것을 이용할 수는 있는가? 이런 걸 생각하면, 근대 국가로 접어든 이래, 우리 정부는 한번도 봉사하는 정부가 아니라, 명령하는 정부였다는 생각이 든다. 만일 봉사하는 정부라면, 이렇게 우리의 미래를 개인들에게 떠넘기지는 않을 것이다. 좀더 조직적이고 체계적으로 국민들이 자유롭게 그것을 누릴 수 있도록 문명과 문화로 난 길을 닦아놓았을 것이다.

그러니, 나는 일간지들의 이 열띤 경쟁이 일과성 이벤트 행사가 되지 않을까 걱정스럽다. 다행히도 오늘의 신문들은 옛날보다 훨씬 냉철한 인식을 보여주고 있다. 가령, 학교 정보화 운동을 주도하는 한 일간지는 현재의 여건이 얼마나 열악한지를 정확히 직시하고, 그 문제점들을 계속해서 점검한다. 한데, 이 확신이란! 그 일간지는 자신들이야말로 그 여건을 딛고 넘어설 수 있게 해줄 것이라는 환상을 독자에게 심어주지 못해 안달하고 있다. "학교 예산 확보와 동문회 등의 지원 요청도 가능한가?"라는 질문에 자신들의 "사업을 기대"해달라고 장담하고 있는 것이다. 직접 예산 지원을 하겠다는 것인지, 지원할 독지가를 물색해주겠다는 것인지('벽지에 신문 보내기' 운동 같은 데서 전형적으로 나타나는, 남의 화장품을 무람없이 가져다 제 얼굴을 단장하는 그 괴상한 습속!의 답습?) 알 수 없지만, 정말 지켜볼 일이다. 만일 그렇게만 된다면, 그 신문은 전세계의 어느 정부도 하지 못할 일을 하는 셈이다. 나는 다시 한번, 우리 신문의 이 기이한 열정이 책임을 수반하고 있는지 궁금해진다. 이번에 그는 분명 약속을 지킬 것인가? 약속을 지키지 못할 때 책임질 각오는 되어 있는가? 정말 그랬으면 좋겠다.   〔1996. 3〕

미래 정책은 없었다

출근 도중의 차 안, 라디오에서 튀어나온 광고 때문에 실소를 흘린다. "나는 걸어다니면서 e-mail을 받는다"라는 어느 이동 통신 광고인데 발상이 기발해서 웃음이 나오고 그렇지만 그게 효용성이 있어 뵈지 않아서 웃음이 헛웃음으로 바뀐다. 걸어다니면서까지 전자 우편을 받아야 할 필요가 있을까? 그렇게 바쁜 인생은 거의 존재하지 않을 뿐더러, 설혹 있다 하더라도 그것은 지독히 고달픈 인생이 될 게 틀림없다. 그런데도 라디오의 어조에는 마치 그런 삶이 문명의 첨단을 걷는 사람의 특권인 양 자랑스러움으로 가득하다. 그러고 보니, 휴대폰이라는 단어가 사람들의 입가를 떠나지 않았던 수개월 전 일간 신문에서 보았던 광고가 기억이 난다. 그 광고는 "핸드폰을 들고 있는 사람이 너무나 멋져 보이더라"는 내용을 담고 있었다.

그러니까, 한국에서 전자 기기는 쓸모와는 다른 어떤 용도에 의해 지배되고 있는 게 틀림없다. 전자 제품의 소유가 문명에 대한 접근도를 가리키는 지표가 되고, 멋(교양이 빠진 품위)을 부여해주는 그런 용도 말이다. 예전에 톨스타인 베블렌이란 학자가, 부인을 치장시키는 방식을 통해 자신의 힘을 뽐내는 로마 장군들의 소비 행태를 모델로 '과시적 소비'라는 소비 형태를 명명한 바 있는데, 한국의 전자 제품 소비도, 그런 의미에서, 과시적 소비 형태라고 할 수 있으며, 여전히 이런 소비 형태가 한국인의 마음 한 자락을 움켜쥐고 있는 한, 한국이 거듭나기는 아직도 요원할 듯하다.

하지만, 나는 통신 회사의 얄팍한 상혼을 비판하거나 우리의 왜곡된 정신 상태를 나무라려는 것이 아니다. 문제는 이러한 상황을 낳은 원인에 있는 것이기 때문이다. 그 원인은 무엇보다도 문명의 전환이라는 이 거대한 문제에 세워져야 할 공적 원칙에 대한 정책의 부재에 있다고 나는 생각한다. 가령, 현대 문명의 총아라고 일컬어지는 퍼스널 컴퓨터를 보자. 한국에서의 컴퓨터의 대중적 보급은 미국을 제외한 어느 선진국에서도 유례를 찾기 힘들 정도인데, 그것은 정부의 주도를 통해서가 아니라 1970년대말부터 청계천 세운상가에 몰려든 지적 호기심으로 충만한 젊은이들을 통해서였고, 그것의 보급 역시, 공공 정보의 거대 자료망의 성격으로서가 아니라, 개인 편집기(워드 프로세서) 및 오락기의 기능을 가지고 개개인들의 사비 지출의 형식을 통해 확산되었다. 대체로 1980년대말까지 컴퓨터의 보급과 활용 영역의 확장에 정부가 기여한 것은 거의 없다고 해도 과언이 아니다. 그러다 보니, 각 가정마다 컴퓨터를 하나 이상씩 다 구비하고 있는 반면에, 도서관을 위시한 공공 기관에서의 정보 설비 및 대시민 서비스는 빈약하기 이를 데 없다.

이렇게 문명의 핵심 사안이 각 개인들의 손에 거의 방치된 채로 발전해온 상황에서 그 문명의 기기들이 어떤 용도로 쓰이기를 기대할 수 있겠는가? 전자 문명의 기본은 지식 인프라의 구축에 있고, 그것의 쓰임새는 정보 및 지식의 신속한 대량 유통과 교환이며, 그것의 궁극적인 목표는 시민민주주의의 완성(쌍방향성)에 있다고 아무리 외쳐도, 사람들은 여전히 그것을 타자기나 놀이 기구(게임, 통신 대화방, 어린 학생들의 페이저〔세칭, 삐삐〕)나 아니면, 과시적 사치품으로서 '소비'하게만 되는 것이다.

문명은 생활의 문제이지 취미나 유희의 문제가 아니다. 또한 그것은 사회적 생활의 문제이지 사적 생활의 문제도 단순히 경제적 부의 문제도 아니다. 그것은 문명의 발달에 사회적 원칙이 세워져야 한다는 것을 뜻하며, 그것을 위해서는 공공 기관의 책임이 크다는 것을 가리킨다. 그 책임을 한국의 정부는 상당 부분 외면해왔다. 문명의 전환은 태도의 전환을 요구한다. 이제는 앞서서 투자하는 정부를, 다시 말해 시민에게 봉사하는 정부를 바란다. 〔1998. 4〕

영어 = 국제어를 둘러싼 고통스런 잡음들

복거일씨의 책 『국제어 시대의 민족어』(문학과지성사, 1998)가 불씨가 되어, 남영신·한영우·이윤기(1998. 7. 2~7. 13) 제씨가 잇달아 지핀 논쟁은 민족주의와 세계주의의 대립으로 이해되고 있으나, 실제로는 아니다. 그렇게 된 것은 반론을 편 분들이 책의 맥락을 고려하는 대신 몇 개의 자구에 매달림으로써, 혹은 논리적 추론 대신에 애매하고 추상적인 도덕률을 나열함으로써, 복거일씨의 책에서 본래의 모습을 지워버리고 낯설고 생경한 괴물의 모양으로 재창조했기 때문이다. 복거일씨는 "영어를 모국어로 삼자"고 '주장'하지도 않았고, '지구 제국'이라는 말을 단순히 강대국의 세계 지배라는 뜻으로 사용하지도 않았다. 만일 비판자들이 그의 책을 꼼꼼히 읽었다면, 그 안에는 진단과 처방 사이에 미묘한 길항(拮抗)이 있으며, 진단은 세계 질서의 현재적 흐름에 대한 지나칠 정도로 투명한 분석인 반면, 그 처방은 역설적이게도 뜨거운 민족주의적 열정을 담고 있다는 것을 알 수 있었을 것이다. 엄격히 보자면, 이 논쟁의 대립은 민족주의와 세계주의의 대립이 아니라 원리 민족주의와 실용적 민족주의의 대립이다.

그러나 이 대립이 이렇게 첨예하게 부각되는 것은 단순히 오해로 인한 것만은 아닌 듯하다. 실로 이 둘 사이에는 도저히 소통을 불가능케 하는 빗장이 질려져 있으니, 그 빗장이란 '세계화'라는 세 음절 안에 집약되어 있다. 세계화란 무엇인가? 일차적으로 그것은 냉전 체제의 붕괴, 경제망의 확산, 그리고 무엇보다도 전자 문명의 발달에 힘입어 세계가 점차로 하나의 생활권을 형성하게 되는 현상을 뜻한다. 세계화는 민족 국가보다 상위(上位)의 개념이며, 그것이 민족 단위를 여전히 보존하면서 진행될지, 아니면 그것을 와해시킬지의 문제는 별도의 문제이다. 따라서 원론적인 관점에서 보면, 세계화는 민족 국가의 운명과는 아무런 상관이 없다. 그러나, 지금 지구상에서 벌어지고 있는 세계화는 전혀 별개의 또 다른 양상을 보여주고 있으니, 유럽의 지식인들이 자조적으로, 그러나, 정확하게 지적하고 있듯이 지금의 세계화는 곧 미국화와 동의어라는 것이 그것이다. 실로, 현실 사회주의의 몰락 이후 정치와 경제뿐만이 아니라, 학문 · 문화 · 기술 · 언어 등 삶의 모든 부문들이 미국의 영향력 안에 놓이고 미국적 방식으로 재편성되고 있는 것은 부인할 수 없는 현실이며, 바로 이것이 민족주의의 심장부를 치명적인 바늘처럼 파고들어, 한 패권국에 의해 여타 민족 국가들이 노예의 운명으로 전락할지도 모른다는 공포를 주입하는 것이다.

복거일씨의 문제 제기는 그러나 팍스 아메리카나의 수락이 아니다. 씨가 촉구하는 것은 세계화의 이중적 상황에서 한국인에게 요구되는 불가피한 생의 조건에 대한 성찰일 뿐이다. 복거일씨는, 이런 비유가 허용된다면, 원리 민족주의자에게 바늘이 되었던 것을 내시경으로 바꾸자고 말하고 있는 것이다. 그 내시경으로 비추어볼 때, 세계화는 역전될 수 없는 추세이고, 그것의 기본 도구들을 미국이 선점(先占)했으며, 그러나, 그 도구들을 기민하게 받아들여 우리의 자산으로 제것화한다면 세계 체제 내의 능동적 참여자로서 새로운 역사를 시작할 수 있으며 그래야 한다는 것이 복거일씨 주장의 요체이다. 이러한 주장은 세계화를 제국화의 방향으로부터 공생의 방향으로 되돌리려는 신념의 표현이지 그 역이 아니다.

그 주장의 실천적 항목의 하나로서 복거일씨가 들고 나온 것이 세상을 들끓게 하고 있는 영어 공용화론이다. 우선, 이것이 영어의 모국어화와는 다른 착상임을 지적하기로 하자. 다음, 영어가 사실상의 국제어가 되었다는 것을 인정할 수밖에 없다면, 그것을 다음 세대들이 자유롭게 쓸 수 있도록 노력을 하는 것은 앞세대 한국인들의 피할 수 없는 의무이다. 토론은 그 의무를 전제하고서 진행되어야 한다. 그것은 복거

36

일씨의 책에서 주목할 부분은 원론이 아니라 오히려 각론들(가령, 영어를 어떻게 가르칠 것인가)임을 알려준다. 마지막으로, 헤겔의 '주인과 노예의 변증법'을 굳이 빌리지 않더라도, 세상의 역학 관계는 오묘한 것이어서, 지배의 도구는 흔히 해방의 자원이 된다. 중세 유럽의 봉건 국가들이 저급 라틴어를 자신의 모국어로 개발하면서 민족 국가로 성장한 것이나, 알제리 민족해방전선이 라디오를 활용한 것은 대표적인 예이다. 영어가 국제어가 된 오늘의 언어 환경은 단순히 영어권 국가의 영향력이 커졌다는 것을 의미하는 것이 아니라, 영어가 인류 전체의 자산이 될 가능성의 폭이 그만큼 넓어졌다는 것을 뜻하기도 한다. 그러니까, 중요한 문제는 타인의 도구를 활용하면서 어떻게 자신의 역사적 경험과 문화적 유산을 거기에 새겨넣어 실질적인 제것화를 달성하느냐이지, 무엇을 선택할 것인가의 문제가 아니다. 이것은 결국 한글과 영어의 공존의 방식에 대한 토론으로 이어지게 되는데, 그러기 위해서는 영어에 대한 준비와 아울러 한글의 세련화를 서로 떼어놓을 수 없는 이중적 과제로 떠맡아야만 한다.

〔1998. 7〕

대한국인이 갓길을 침범할 때

대한국인(大韓國人)이 갓길을 침범하는 것을 보았다면 안중근 의사가 화를 내실까? 독자들께서 뜬금 없어할 이 물음은 일요일 고속도로에서 떠오른 것이다. 물론 휴일의 고속도로에서 갓길로 뛰어드는 차들이 모두 엉덩이에 손바닥 문신을 새겨놓고 있는 것은 아니다. 'University of California'를 박아넣은 코스모폴리턴도 있고, 그냥 무명씨들도 있다. 그럼에도 불구하고 '대한국인'임을 의젓하게 표내는 차가 갓길로 질주하는 것을 볼 때면 기분이 묘해진다. 마치 그 질주가 한국인의 위대성을 세계 만방에 고하는 시위처럼 느껴져서이다. 게다가 그가 달려드는 곳이 어디인가? '노견'이라는 가금(家禽) 종자 같은 이름을 벗어던지고 새로 차려입은 우리말이 상큼한 여성성을 연상케 하는 바라서, 나는 갓길로 차들이 들어설 때마다 백주에 성폭력이 자행되는 광경을 보는 듯해 모골이 송연해진다. 어쨌든 갓길은 샛길이 아닌 것이다. 박영한이 애잔하게 세묘한 샛길은 도망자들의 길이지만,

갓길은 말 그대로 무법자들의 구역이다. 무법자들은 슬금슬금 이탈하지 않는다. 윤무당당(輪武堂堂)하게, 인간의 말로 옮기면 '에이 쌍' 정도가 될 상상 속의 굉음을 지르며, 무지막지하게 돌진하는 것이다.

그 무법자가 그런데 '대한국인'이라니? 꽉 막힌 시야에 속수무책으로 가슴앓이를 하다가 어디 샛길은 없을까 하며 전국 교통 지도를 열심히 연구하는 좀스런 소한국인에 불과한 나는 저 겁 없는 대한국인들이 밉다가, 부럽다가, 야속하다가, 급기야는 용맹과 소심으로 구별될 새로운 신분 질서에 평생 매이고 말리라는 운명적인 예감에 사로잡혀 차라리 핸들에 머리를 찧고 싶어진다.

안중근 의사가 낙관 대신 썼던, 약지 끝마디가 잘린 손바닥 인장이 승용차 꽁무니에 등장한 게 언제부터인지는 확실치 않다. 여하튼, '내 탓이오'라는, 제가 죄인이라는 건지 아니면 그걸 보는 뒷차의 운전자가 징역 갈 자라는 건지 요령부득이던 문구가 슬그머니 사라지던 즈음에 그걸 대신해 부쩍 늘어난 게 바로 그 위대한 한국인 선언 같은 것이었는데, 나는 이 추이가 그냥 무심해 보이지가 않는다. 아무래도, 그것에는 세계 자본주의의 대열에 보란 듯이 합류한 입신 출세자—대한민국의 탱탱한 이미지가 개입되어 있다고 생각되기 때문이다. 고생 끝에 복락이라고, 일제 침략과 조국 분단의 그 어둡고 우울했던 시절을 딛고, 1만 불 국민 소득의 대역사를 우리는 이루어내지 않았던가? 자부심을 가질 만도 한 것이다. 누가 위대한 한국인을 자처한다고 해서 시비 걸 한국인은 없어 보일 듯도 하다.

그러나, 그러나…… 고생은 성공을 낳고 성공은 한풀이를 낳고 한풀이는 다시 집념을 낳지는 않는가? 집념이란 집요한 자기 도취에 다름아닌데, 왜 집요한가 하면 그 도취란 게 실제론 결코 획득되지 않는 애물이기 때문이다. 생각해보시라. 생각해보면, 오늘의 풍요를 가능케 한 맹목적 천민자본주의는 그 속도만큼이나 무서운 기세로 문화며 일상이며 기술이며, 한국인의 삶 도처를 천공하는 드릴이 되기도 했던 것이다. 덕분에 곳곳에서 재앙의 삼풍이 부는가 하면, 학문과 문화의 들판에서는 앵무새들이 소리지르고, 저잣거리에는 주(鴸)와 비(蜚)의 세계를 거쳐 이제 궁기(窮奇)[1]들이 활개치는 게 아닌가? 그러니, 스스로 불안한 것이다. 그 불안

---

1) 주(鴸), 비(蜚), 궁기(窮奇)는 모두 『산해경』에 나오는 상상적 동물들의 이름이다. 하지만, '주'와 '비'는 『산해경』에서 직접 따온 것이 아니고, 김현 선생의 『분석과 해석』의 부제, '주와 비의 세계에서'에서 빌려온 것이다. 『산해경』을 직접 들춰보지 못할 독자를 위해 덧붙이자면, 주가 나타나면, "그 고을에 귀양가는 선비가 많아"지며, 비가 나타나면 "천하에 큰 돌림병이 생긴다." 그리고 궁기는 "생김새는 호랑이 같은데다 날개로 날 수 있어 사람을 채뜨려 잡아먹는다. 사람의 말을 알아들어서 그 싸우는 소리를 듣고 정직한 자를 잡아먹는다. 누군가 성실하다는 말을 들으면 그 코를 베어 먹고 악하고 그릇되다는 소리를 들으면 짐승을 잡아 갖다 바친다."

감은 게다가 한국을 '기호의 제국'도 아니고 신비한 도가 사상의 나라도 아니라, 독일에게 석패한 축구 '쬐끔' 하는 나라로나 알고 있을 뿐인 외국인들 때문에 더욱 가중된다. '대한국인'의 자기 현시는, 그러니, 결코 도달되지 않는 이상적 자아에 대한 공격적 입도선매가 아닐까? 가까스로 서울에 도착하니, 그것을 증거하는 사례들이 사방에 깔려 있는 게 안타깝게도 보인다. 용산역에는 "독도도 우리 땅, 대마도도 우리 땅"이라는 현수막이 창피한 줄도 모르고 걸려 있고, 학교에서는 양키 문화에 중독된 옷차림을 한 학생들이 "미국놈들 몰아내자"는 외침을 수업 방해에 아랑곳 않고 외쳐댄다. 우울한 결론이지만, 『동양 평화론』의 저자는 아무래도 화를 내실 것 같다. 옛날의 민족주의가 구원의 통로였다면, 오늘의 민족주의는 무서운 전염병이다. 그것을 예전엔 국수주의라 불렀는데, 지금의 그것은 이하응(李昰應)식이 아니라 타자의 것들을 마구 제것화하는 특이한 것이어서, 아무도 그 둘을 구별하지 않는다.

〔1996. 5〕

밀리터리 룩, 혹은 압제를 그리워하기

　홍익대 부근에 미시족들이 많이 온다고 하는 피카소 거리
가 있다. 나는 미시족이어서가 아니라 일 때문에 일주일에
한 번 그곳엘 가는데, 어느 날 문득, 군복과 군화·군모·휘
장·깃발 등이 진열되어 있는 가게가 들어선 것을 보고 깜짝
놀랐다. 역전에 있어야 딱 어울릴 가게가, 난데없이 태평 시
대를 구가하는 생기 발랄한 젊은이들의 장소에 마치 공비처
럼 침투해 들어왔기 때문이다. 한데, 자세히 보니까, 그게 아
니다. 옷들이 여성용이고 다른 물건들도 아기자기하고 예쁘
장한 게 사용 가치보다는 장식 가치가 돋보였다.
　눈을 들어 간판을 보았을 때 조금 이해할 수 있을 성싶었
다. 간판의 제목은 놀랍게도 'MASH.' 알트만 감독의 그 영화
를 보았는지, 아니면, 동일한 제목의 미국 연속 방송극에서
따왔는지 알 수는 없었지만, 주인은 아마도 군대와 전쟁에
대해 완전히 무지하거나 아니면 영화나 드라마를 읽는 눈이
시력 제로인 게 틀림없다. 하여튼, 커다란 그 이름 밑에 줄긋

고 부제가 붙어 있었다. 'military fashion & collections.' 그러니까, 그 가게는 군대 용품 상점이 아니라 첨단 유행을 이끄는 패션점이었다. '뜨거운 입술'의 훌리헌 소령도 이곳에서는 봉변을 당할 일이 없을 터였다. 나는 탄복했다. 군대와 패션의 만남이라니, 강한 것과 아름다운 것의 배합이고 딱딱한 것과 부드러운 것의 합성이니, 포스트모던 시대에 걸맞는 기발한 착상이 아닌가?

그러고 보니까, 여학생들이 군화를 신고 다니는 게 눈에 띈 지도 꽤 되었다는 생각이 들었다. 그래서 학교에 출근하자마자 군화를 신고 강의실에 진군한 여학생 하나를 붙잡고 물어보았다. 대답은 간단했다. "멋있잖아요." 멋도 멋 나름인지라 나는 다시 물어보았다. 그 멋이란 강하게 보이는 데서 나오는 멋을 말한다고 학생은 설명했다. 눈에는 눈이고 이에는 이라고, 군대 못 가는 설움도 곁들여, 거칠음과 강함을 독점하고 있는 남성들에 맞서서 여성도 그에 못지않음을 드러내려는 욕구의 표현이라고 했다.

아하, 이것도 일종의 페미니즘이로구나, 내 감탄의 수위는 더욱 높아졌다. 하지만, 그렇다면 차라리 여성에게도 군 복무의 의무를 달라고 데모하는 것이 더 낫지 않은가? 게다가 이 군복이며, 군화는 왜 이리 우아한 것일까? 이걸 신고 10km는커녕 1km 구보라도 할 수 있을까? 군사적인 것은 실존적이라기보다 액세서리이고 연물(戀物)이었다. 내 생각에는 여기에 강함에 대한 욕구가 있는 것이 아니라 강함과 부드러움을 양극으로 하는 어떤 변증법적 모험이 있는 게 틀림없었다. 무엇을 잉태할 변증법인가?

물론 그것은 강함을 핑계로 태어날 아름다움일 터였다. 다시 말해, 이성애를 구실로 삼은 자기애의 충일일 터였다. 과연, 올 봄, 밀라노 패션에 출품된 "밀리터리 룩과 심플한 그레이 스커트, 드레스, 그리고 레이스 느낌의 바지를 혼합한 베르사체의" 작품이 "전쟁풍, 그러나 로망스 터치"라는 평을 받았다고 『밀라노 다이어리』 3월 1일자는 전하고 있다. 그러니까, 이 여인들은 전쟁의 드라마를 그리워하고 있는 것이다. 부재하는 남편, 쓸쓸한 저녁. 문득 들이닥친 탈출 포로와의 사랑, 그리고 헤어짐. 이런 아스라한 낭만적 모험에 대한 꿈이 그 패션에 압축되어 있는 게 틀림없었다. 다만, 이 드라마의 여주인공들은 자신의 육체가 손상되는 것만은 절대 사양할 것이었다. 무서운 재앙은 언제나 내 옆에서 벌어져야 할 것이지(액세서리의 의미가 이것이리라), 내 안에 일어나서는 안 될 것이었다. 그것은 아름다움에 대한 모독이 될 터이기 때문이다. 그렇다면, 그것은 폭력의 관상증, 혹은 부드러운 압제에 대한 욕망이 혹시 아닐까? 젊은 시절을 군사 독재 하에서 보내고, 군사 정권의 폭압적 군대에서 군 복무를 했던 내게는 그것이 꼭 호전적인 마조히즘으로만 보였다. 쓸쓸했다.   〔1996. 10〕

검열을 곱씹기

검열에 대해 말하기가 까다롭다. 인터넷 해상에서는 저질 음란물의 침입을 봉쇄하겠다는 빨강 리본 운동과 그런 움직임이 개인의 자유와 권리를 침해한다고 강력히 저항하고 있는 파랑 리본 시위대 사이에 포연이 자욱하다. 한국에서도 영화 가위질을 둘러싼 시비와 몇몇 포르노소설 때문에 검열이 도마 위에 올라 있는 상태다.

중요한 사안임에 틀림없지만, 그러나 어렵다. 가령, 리버럴한 지식인임을 자처해온 처지에서 생각하자면 어떤 형태의 권리 침해에 대해서도 반대해야 한다. 그러나, 우리집 아이가 외설 사이트에 들락거릴 수도 있다는 데에 생각이 미치고, 온 세상이 남녀노소 불문가지로 성적 욕망으로 눈이 시뻘개져 획 돌아가버린 사태를 보는 잡념 삼매경에 빠질 쯤이면, 나는 본능적으로 보수주의자로 회귀해 빨강 리본을 쳐들고 만다. 불쑥 쳐들었다가 문득 주위를 둘러보며 슬그머니 팔을 낮춘다.

검열에 대해 말하기가 어렵다는 것은 이제는 검열을 검열의 개념으로 말하지 않고 보다 큰 틀의 개념으로 해석할 필요가 있다는 것을 뜻하는 것이 아닐까…… 라는 생각이 든 것은 이러한 사정 밑에서이다. 우선, 검열을 억압의 잔존이라는 단면을 통해 바라보기보다는 민주화의 확대라는 측면에서 바라보는 게 유익할 듯하다. 오늘 검열에 대한 논란이 벌어지는 까닭은 검열이 강화되어서가 아니라 검열 철폐를 주장하는 목소리들이 높아졌기 때문이다. 다시 말해, 우리 사회의 민주 성분이 수량적으로 증가했고, 그에 따라 당연히 시민들의 발언권의 수위가 높아졌다는 것이다.

그러한 진단은 현상적으로도 입증된다. 도처에서 대중들의 진출이 전개되고 있다. 통신망 안에서는 모든 이가 등차 없는 구성원의 자격으로 참여한다. 주부 리포터, '나도 스타,' 옴부즈맨 제도 등이 보여주듯이 재래의 언론·방송 기구에서도 대중의 지위는 썩 높아졌다. 각종의 언론 매체들에서도 독자들을 제3의 저자로 존중하는 태도에 적극적이어서 예전 같으면 그냥 파묻혔을 날카로운 비평적 발언들을 개발해 싣고 있다. 이제 대중은 단순한 문화 수용자가 아니라, 문화 생산자인 것이다. 역사의 주체는 대중이라는 고전적 이상이 실제로 실현되어가는 도중에 있다.

이런 세상에서 검열은 단순히 정치 권력만의 업무가 아니다. 모두가 검열을 한다. 예전에는 정치 권력의 일방적 검열과 그것을 미리 예상한 문화 제작자의 내적 검열만이 존재했다. 그러나 지금은 모든 이가 그가 놓인 위치에서 바깥에 대해 검열을 수행한다. 그것은 모든 이가 다들 권력이 되었다는 것을, 적어도 되어가고 있다는 것을 뜻한다. 정치 단체나 기업들, 언론 같은 유형의 권력이든 아니면 대중의 집단적 목소리와도 같은 무형의 권력이든, 권력은 시방 사방팔방으로 분기해나가고 분기한 각각의 자리에서 무서운 속도로 자란다.

그렇다면, 오늘의 검열의 문제틀은 권력의 검열과 그에 대한 피권력자의 저항이라는 도식으로 이루어지지 않는다. 검열은 상호 검열이며, 그 상호 검열의 동력은 다양한 권력들이 스스로의 이해 관계에 입각해 세상을 손보려는 의지, 즉 관리 · 통제 · 조절하려는 의지에서 나온다.

이런 사정에서는 검열의 철폐를 주장하거나 심지어 누가 (정부가, 혹은 민간 자율 기구가) 검열을 하느냐를 따지는 것은 실제 중요치 않을 수도 있다. 그보다 먼저 권력들 사이의 대화의 원칙을 세우는 것이 급선무이다. 상호 존중과 이해에 입각한 의견 교환만이 검열의 불공정성과 개인의 자유 침해를 막을 수 있다. 그 대화의 원칙은 물론 그냥 수립되는 것이 아니다. 왜냐하면 표면 권력들 뒤에는 항상 배후가 있게 마련이기 때문이다(가령, 오늘의 대중의 진출 뒤에 문화 산업의 팽창 전략이 숨어 있는 것처럼). 그 배후의 존재가 드러난 생각과 숨은 의도 사이에 간극을 만들고, 그에 의해 드러난 생각의 끊임없는 변전을 유발한다. 대화의 원칙은 항용 가면이 되고 무시로 깨진다. 대화의 원칙을 세우는 것이 급요하다는 내 생각에 일리가 있다면, 그것은 또 다른 요건을 필요로 한다. 그 요건들을 나는 공개성, 배후와의 싸움, 내적 검열 세 가지로 생각한다고 적는다.   [1996. 11]

신세대 문학과 혼성 모방

신세대 문학이란 존재하는가? 아니, 그 이전에, 신세대란 정말 있는가? 신세대에 대한 담론은 오늘에만 출현한 것은 아니다. 20세기 초엽에 '앙팡 테리블'이 있었다는 것은 상식에 속하는 이야기이며, 중세에도 젊은이들의 타락을 걱정하는 성직자들의 설교는 흔히 들을 수 있는 일이었다. 그러니까, 신세대란 하나의 상투어이다. "요즘 애들은 버릇이 없어" "요즘 애들은 얼마나 행복한가" "요즘 애들은 못 말려" 이 모든 '요즘 애들'을 둘러싼 언설은 주기적으로 되풀이되는 인류의 생리통 같은 것이다.

하지만 그것이 그렇다고 해서, 그대로 무의미한 것은 아니다. 신세대에 대한 담론이 증가하고 있다는 것은 그 자체로서 역사적 현상이며, 중요한 것은 그 현상을 역사 안에서 해석하는 것이다. 오늘의 신세대론은 무엇 때문에 출현하고 있는가? 그것은 우리 삶의 어떤 변화와 관계가 있는가? 이런 물음을 거칠 때, 그것의 놀랍고 현란하고 불가사의한 의상은 눈부심을 뚫고 찬찬히 시야에 들어올 수 있다. 신세대가 무서운 것이 아니라 어떤 신세대인가가 흥미로워지는 것이다.

우리는 같은 이야기를 신세대 문학의 '혼성 모방'에 대해서도 할 수가 있다. 거친 폭로와 비겁한 변명과 추잡한 고발로 이어졌던 신세대 문학의 표절 시비를 하나의 해프닝으로 제쳐두고 그 말 많은 '모방'에 대해서만 말한다면, 모방은 어제 오늘의 현상이 아니다. 작가를 '신적 부권의 대리인'으로 여겼던 중세에 모방이란 지극히 정당한 행위이었고, 르네상스가 토해낸 걸작들인 『가르강튀아』와 『돈 키호테』는 중세의 기사도 로망을 패러디한 것이며, 투르니에의 『방드르디, 혹은 태평양의 저 끝』 역시 디포우의 『로빈슨 크루소』를 고쳐 베꼈고, 그리고, 보르헤스의 『죽음과 나침반』은 포의 추리소설을 다시 썼던 것이다. 박태원의 『소설가 구보씨의 일일』은 최인훈의 똑같은 제목의 소설에 의해 두 번 살았고, 오규원의 '시인 구보씨의 일일' 연작으로 확장된 생애를 누렸다. 실로 모든 문학은 끊임없이 서로 비추이면서 다형색색으로 변화하는 언어의 만화경(롤랑 바르트)인 것이다. 그러니, 우리가 물어야 할 것은 표절인가, 창작인가가 아니라, 모방의 현상학이다. 무엇을 어떻게 베끼고 있는가? 정말, 어떤 신세대고 어떤 모방인가?

오늘의 신세대는 신세대 그 자신에 의해서가 아니라 기성세대에 의해서 생산되고 있다는 것이 가장 중요한 특징이다.

저 앙팡 테리블이나 로스트 제너레이션은 기성 세대의 무기력과 파탄에 대한 항의의 의미를 띠고 있었다. 중세의 골리아르(건달 대학생 문필가 무리)는 엄숙하고 금욕적인 중세의 공식 문화에 대한 이탈과 야유로부터 나타났었다. 그렇게 그 신세대들은 기성 세대와 정치적인 대립을 형성하고 있었다. 그러나 오늘의 신세대는 그렇게 태어나지 않는다. 신세대가 태어나는 곳은 가령, 티브이와 잠실운동장과 압구정동 거리, 스포츠 신문과 백화점의 팬시 매장과 전자랜드, 록 카페, 인기 가수의 땋은 머리 같은 곳들이다. 그 장소들은, 일종의 범람된 장소들이다. 서구에서는 20세기 중엽 이래로, 한국에서는 1980년대 이래로, 독자적인 확대 재생산 궤도에 돌입한 문화 산업이 기존의 문화 공간에서 더 이상 투자할 장소를 찾지 못함으로써 넘쳐나 뻗어나간 곳이 그곳들인 것이다. 왜냐하면, 그곳에서 옛날과 달리 소비의 권리와 능력을 가진 주체로서 키울 어린 세대를 발견했기 때문이다. 경제 성장의 신화를 실은 산업 열차가 땅 끝에 이르렀을 때 문득 그것은 문화라는 이름의 유람선을 창안해냈고, 그 유람선은 동력과 물자를 자체 공급하는 거대한 해상 도시로 팽창해온 것이다. 문화 참여권의 확대는 그 자가 팽창 운동 속에서 급속하게 이루어진 것이다. 예전엔 대학생과 사무직 여성들이 주탑승객이었던 그 유람선-도시로 주부들이, 청소년들이, 초등학생들이, 이 대식증을 앓는 도시를 채우기 위해, 입주 신고서를 팔락이며 속속 이사를 왔던 것이다. 그러니, 내 인생은 나의 것이라고? 어른들은 모른다고? 그것을 끊임없이 어린 세대의 귀에 속삭이는 것은 그들 자신이 아니라 기성 세대들이다. 그 귀를 두드리면 황금이 쏟아질 것이기 때문이다.

이 문화 산업의 주체할 길 없는 뻗침 위에서 신세대에 대한 담론이 폭증하는 것이며, 혼성 모방이라는 이름의 희한한 무기를 지닌 전쟁놀이도 출몰하는 것이다. 처음에, 그러니까, 문화 산업이 아직 유아기에 있을 때 표절이란 기껏 봉제 가공의 수준이었다. 이를테면, 릴케의 여러 시집들에서 특별히 아스름한 시구들을 이리저리 뽑아 릴케 애송 시선집을 만드는 따위였다. 그러나, 어린 세대가 이제 소비의 주체가 되자, 그것은 곧 그들이 또한 생산의 주체이어야 한다는 것을 의미한다. 누구라도 남의 물건을 사주기만 하지는 않을 것이며, 당연히 그들도 그곳에서 이문을 남기려 들기 때문이다. 그래서 그들의, 그들을 위한 문화에 '그들에 의한' 문화가 첨가되었고 그것은 오늘 무섭게 폭발하고 있는 것인데, 불행하게도 교육적 현실은 젊은이들에게 생산자로서의 길을 원천 봉쇄하고 있고, 그것은 또한 문화 산업의 전략이기도 하다. 그것은 노동을 '가르치는' 길이고, 노동의 어려움을 회의케 하는 일이며, 따라서 어느 날 갑자기 이 환상 도시를 파탄으로 몰고 갈지도 모르기 때문이다.

'네 멋대로 해라'라는 요란한 대기호와 끊없는 유행(모방)

의 기호 사슬이, 즉 자발성에 대한 신화와 익명성의 감옥이 초고온 융합되는 것은 그 사정하에서이다. 자기의 성적을 옆자리의 친구에게 말하는 학생은 아무도 없다. 그리고 나눈다. 생일 선물을 나누고 시즐 펜슬과 조던 농구화를 앞다퉈 사는 것이다. 모두가 저마다 비밀의 화원이고 동시에 만장일치로 향락을 누린다. 장대한 가면 무도회가 벌어지는 것이다.

문학의 '혼성 모방'도 그 가면 무도회의 한 레퍼토리를 이룬다. 애송 시선집 따위는 리어카에 실려가고 대신, 여전히 이곳저곳에서 베낀 것은 똑같은데 작가가 또렷이 있는, 그냥 있기만 한 게 아니라, 때로는 유명 작가의 이름과 획 하나만 달라 알쏭달쏭하고 때로는 애정소설의 주인공 이름처럼 이쁘장한, 실제로는 신원 불명인, 감상 시집들이 서점 진열대에 만발하고, 인용 부호도 참고 문헌도 없이, 이 소설 저 소설에서 문장과 문단과 때로는 한 장(章)을 통째로 베껴서 조합한, 말 그대로 잡식성으로 비벼진 소설들이 베스트 셀러 목록을 화려하게 장식하고 있다.

하지만, 신세대의 공간이 그렇게 열렸다는 것은 신세대가 그 안에서 무엇으로 사는가와 꼭 일치하지는 않는다. 마찬가지로 신세대 문학이 그렇게 해서 존재하게 되었다는 것이 신세대의 문학이 실제로 어떻게 나타나는가와도 꼭 일치하는 것은 아니다. 똑같은 비상(砒霜)을 독약으로 쓸 수도 회복제로 쓸 수도 있는 것처럼, 신세대 문학의 조건을 사는 신세대 작가들은 그것을 '제멋대로' 바꾸려 들 수 있다. 모든 모순이 변화의 어머니인 것은 그것이 그 자체로서 자기 부정을 포함하고 있기 때문인데, 개인성과 익명성의 모순으로 이루어진 신세대의 도시도 음침한 균열부를 곳곳에 노출하지 않을 수 없는 것이다.

오늘의 '혼성 모방'을 옹호하는 담론들은 두루 그 균열에 대한 인식을 그들 문학의 최후 변론처럼 가지고 있다. 그 변론은 때로 아주 과장적으로, 그러니까 삶의 전부면을 통괄하면서, 드러난다. 왜냐면 그렇게 전면적으로 인생과 대결하고 있다고 주장해야 할 필요를 작가들이 느끼고 있기 때문이다. 그래서 동구권의 몰락과 1980년대 학생 운동의 좌초로 인한 이념의 상실이 가부장적 윤리와 사회적 요구에 짓눌린 젊은 이들의 성적·윤리적 파행과 어울리면서 안팎으로 아이덴티티를 박탈당한 '나'의 갈 곳 모르는 방황이 작품들을 휩싼다. 그 모든 소설들에서 '나'는 영원한 결핍의 장소가 되고, 그것은 자연스럽게 글쓰기로 이어져 타인의 작품들을 이리저리 베끼고 비비는 것이 정당화된다. 그럴 수밖에 없기 때문이다. '나'가 부재한다면, '나'의 글쓰기도 존재할 수 없는 것이고, 당연히 근대 세계의 신화인 창조는 불가능해지는 것이고, 타자들과의 혼성적 교류만이 이 세상의 새로운 삶의 방식이 되어줄 것이기 때문이다. 그러나, 그 타자는 정말 타자인가? '나'가 없다는 것은 타자가 없다는 것과 동의어인 것이다. 나의 변별성에 대한 인식이 없이는 타자에 대한 인식이 없으며, 그 역도 마찬가지인 때문이다. 그러니, 정말로 '나'가 부재한 세상에서의 혼성적 교류란 실은 동일자들의 불모의 동성애일 수밖에 없는 것이다.

그러나, 불행하게도 오늘의 혼성 모방은, 그 호모 섹슈얼리티를 철저하게 살지 못한다. 아니, 않는다. 그들은 다만 저 개인성과 익명성의 모순을 되풀이하고 있을 뿐이다. 우선, 주제적으로 혹은 사회적으로: '나'에 대한 집요한 추구가 끝 간데를 모른다. 주인공은 '나'를 되찾기 위해 악을 쓰고 있으며, 작가는 그 개인의 상실을 노래함으로써 개인적 명성을 획득하려고 안간힘을 쓴다. 여전히 작가의 창조성이라는 신화의 시대가, 개인 서명의 시대가 지속되고 있음을 혼성 모방의 작가들은 영악하게도 눈치채고 있는 것이다. 다음, 형태적으로, 그리고 글쓰기의 문제에서: 무의식적인 베낌이 돌림병처럼 번진다. 세계의 모모한 대중 작가들의 원소와 주제가 뭉텅뭉텅 잘려져 들어온다. 그 베낌은 무의식적이고 감염적이다. 그리고 그 베낌이 고삐를 잃어버린 곳에서 글쓰기는 현실과 동일화된다. 허구가, 다시 말해, 이전의 글쓰기를 다른 것으로 변형시키는 활동이 사라지는 것이다. 작품은 환상과 현실 사이를 강박적으로 왕복하고 있으나 실은 환상과 현실이 하나인지 둘인지 모를 현실 그 자체가 다만 되풀이되고 있을 뿐이다.

그렇게, '나'는 악착같이 추구되고, '나'는 한정 없이 버려진다. 나는 결핍의 장소이며 동시에 팽만의 장소이다. 나는, 그러니까, 그 둘 아무것도 아니라, 편집증이다. 개인성이 점차로 와해되는 세상에서 개인성에 대한 탐욕으로 붉게 물든 화농 같은 것이다. 그 경향이 최근에 전통 윤리 혹은 민족주의적 환상과 조심스럽게 타협을 시도하고 있는 것은 우연이 아니다. 그 소설들이, 거의 대부분, 약간의 위장 속에 전통적 플롯을 감추고 있는 것도 마찬가지다. 그래야 읽히고, 그래야 팔리기 때문이다. 여전히 출판 산업은 근대의 신화를 알리바이로 두고 있기 때문이다.

　신세대와 혼성 모방은 한 사회의 징후이다. 그것은 세대의 문제도 작가의 문제도 아니라 오늘날 문화 전반의 문제이다. 문학의 혼성 모방은 그 징후를 확대 재생산하고 있을 뿐이지, 그 이상도 그 이하도 아니다. 그것을 철저하게 앓는 사람은 아마도 그것과 대결할 것이다. 라블레, 세르반테스와 기사도 로망 사이에 전복이, 투르니에와 디포우 사이에 비판과 대안이, 보르헤스와 포 사이에 치환이, 박태원과 최인훈과 오규원 사이에 한국 지식인의 위상 변화가 있는 것이라면, 그것은 베낀 작품들이 베낌당한 작품들과 저마다의 방식으로 대결을 하고 있다는 것을 뜻한다. 그 대결을 신세대의 작가들에게서 발견할 수 있다면, 그때 그들은 신세대 문학의 이름으로 불리지는 않을 것이다.　　　　　〔1994. 5〕

문학 제도에 대한 단상

> 시선은, 항상 무엇인가를, 누군가를, 찾
> 는다. 그것은 불안한 기호이다. 기호로서
> 는 유별난 역동성이며, 그 힘은 기호를 범
> 람한다.　　　　　　　　──롤랑 바르트[1]

문학 제도에 관한 성찰은 아직 초보 단계에 있다. 그것은
문화 제도에 관한 연구가 여전히 이데올로기 비판의 수준에
머물고 있는 것과 같은 처지에 있다. 같은 처지라고 했지만,
그러나, 문화와 문학 사이에는 미묘한 차이가 있다. 좀더 정
확히 말하자. 실제의 차이는 문학을 대하는 눈길과 문화를
대하는 눈길 사이에 존재한다. 한국의 비판적 지식인들에게
문화는 꽤 고까운 눈총을 받아왔다. 한국의 문화는 뿌리가
없다(모방 문화) ; 한국의 문화는 되바라졌다(천민 문화) ; 한

---

1) 「정면으로 응시하고」, 『이미지와 글쓰기』(김인식 편역), 세계사,
　1993, p. 111.

국의 문화는 편향적이다(관변 문화). 문화로 향한 시선은 항상 권력과 상업 사이에 있다. 그것은 공감과 사기의 프리즘을 거쳐 뿜어져나간다. 문화를 보는 시선이 쏘아대는 시선이라면, 문학을 향한 시선은 빨아대는 시선이다. 문학은 삶의 영양소이니까 말이다. 문학은 꿈과 반성의 장소이다. 다시 말해, 문학은 젖과 꿀이다. 그것에 대한 시선은 입술이자 혀와 동일 기구이다. 때문에 문학에는 술부가 없다. 권력과 상업이 문화의 술부를 이룬다면, 문학에서는 달콤한, 그윽한, 따뜻한, 예리한, 독한, 쓰디쓴 등등이 그것의 관모(冠毛)를 이룬다. 문학에게는 주어와 속성만이 있다. 문학은 순수 동일성의 장소이다. 문화 제도에 대해, 우리가 그 분석을 충분한 수준에서 해내고 있지 못하다 하더라도, 우리가 자주 말한다면, 그것은 그것이 술부를 달고 있기 때문이다. 다시 말해, 그것이 외적인 것들(이라고 간주되는 것들)의 조합체로서 이해되고 있기 때문이다(무엇의 제도란 그 무엇을 목적어로 둔 다른 주어들의 동작의 결합체를 말한다). 마찬가지로, 문학에 대해, 우리가 문학 외적 간섭의 양상들을 그렇게 누누이 지적하는데도, 문학 제도에 대해 거의 무신경한 것은 그것이 술부를 갖지 않기 때문이다. 다시 말해, 그것이 자율적이고 자족적인 것으로 이해되고 있기 때문이다.

그러나, 문학이 순수한 자기 동일성으로 존재하는 일은 그 어느 때고 없었으며, 없고, 없을 것이다. '문학'은(도) 어떠한 선험적 시원도 갖지 않는 역사적 산물이다. 그것은 홀로 태어난 것이 아니라, 무엇으로부터 파생되어 그 무엇을 거스름으로써 출현하였다. 서구에서 그 무엇은 '아름다운 문자'였고, 동양에서 그것은 '시문'이었다. 역사적 차원에서 문학이 이전에 있었던 것들의 변이로부터 태어났다면, 지리적 차원에서도 문학은 문학 아닌 것들의 조합으로 구성된다. 체험, 언어(문자/말), 사유가 그것들의 기본 성분들이다. 문학은 체험 그 자체도, 언어 그 자체도, 사유 그 자체도 아니지만, 그것들의 조합의 결과이다. 따라서 문학은 실상 술부를 가지고 있다. 술부들이 뒤범벅으로 엉켜 있다. 체험의 언어는 시장을 낳고 언어의 체험은 학교를 낳고 언어의 사유는 문학을 독립시키고 사유의 언어는 규준을 낳고 사유의 체험은 교사를 낳고, 체험의 사유는 금기를 낳고…… 문학도 당연히, 제도적이다. 제도 속에 있으며, 그 자체가 하나의 제도이다.

그 사실을 문학인들은 흔히 잊는다. 비평가들이 문학의 있음을 따지는 일은 거의 드물다. 비평가들은(나까지 포함하여) 문학의 됨과 당위를 대체로 논한다. 문학 작품을 읽고 그냥 '재미있다'고 말해서는 안 된다. 그것은 문화 상품과 문학을 혼동시키는 일이기 때문이다. 문화 상품을 대하면서 우리가 그 재미 때문에 적당한 수준에서 상업주의와 '모른 척' 타협

한다면, 문학 작품에서는 그래서는 안 된다. 재미있어도 재미있다고만 말해서는 안 된다. 문학은 좋아야 한다. 그 좋음의 비밀을 푸는 데 비평가들이 매달린다면, 작가들은 그의 작품이 '좋은' 작품으로서 잘 팔리기를 원한다. 독자는 재미있는 문학 작품에서 인생의 보편적 의미를 캐낼 수 있기를 바란다. 적어도 문학은 TV 드라마/코미디와는 다른 것이어야 한다. 그러나, 그 좋음이 어떻게 이루어진/지는 것인지에 대한 논의는 아주 드물다. 아니다. 진지한 사유인은 거기까지 나간다. 그러나, 여전히 당위의 수준에서이다. 좋은 문학은 시대의 모순을 총체적으로 형상화해야 한다; 좋은 문학은 인류가 이룰 수 있는 꿈이 무엇인지를 암시할 수 있어야 한다; 좋은 문학은 스스로 이 시대의 상처가 되어야 한다. 그렇다. 그러나 어떻게 해서 그러한 주장들이 공감을 얻게 되었는지, "펜이 권력보다 강"하게 된 내력이 무엇인지, 왜 그 주장들 사이에 싸움이 있는지에 대해서는 묻지 않는다. 그것들을 사실로 보지 않고 가치로만 보기 때문이다. 무엇이 더 문학적인가를 따지는 일에는 익숙하지만, 왜 '문학'이라는 이름을 둘러싸고 그러한 주장들이 경쟁하고 있는가는 망각한다.

그·망각은 무지나 실수의 소산이 아니다. 그것은 그것을 모르는 것이 아니라, '모르려' 한다. 다시 말해 그 자신에게마저 은폐된 의도이다. 바로 그 무의식적 전략에 문학(이라는) 제도의 특이한 성격이 있다. 문학을 향한 시선은 문학을 제도라는 인공적인 것(반-자연적인 것), 기계적인 것(반-인간적인 것), 더러운 것(불순한 것)으로부터 도피시키려는 욕망으로 넘쳐흐른다(그러나, 안됐지만, 인공적인 것은 인간적인 것이며, 인간적인 것은, 먹고 싸는 게 인간이기 때문에, 더러운 것이다). 여기에, 다시 말해, 문학(이라는 제도)을 제도의 대척지에 위치시키고 싶어하는 데에, 문학이라는 제도의 특이한 욕망이 작동하고 있다. 그것이 제도들의 제도(諸島)에서 문학을 유별나고 특이한 섬으로 존재하게 한다. 유폐의 감옥이거나, 비밀의 사원이거나, 환상의 섬이거나.

문학을 제도의 일반성 속에서 말하지 않을 수 없다면, 그것은 무섭게도 문학 또한 권력의 싸움터라는 것을 가리킨다. 우리는 지난 시대의 뛰어난 사유인들 덕택에 제도란 권력이 육화되는 자리라는 것을 알고 있다. 권력은 탄압하는 힘이 아니라, 관리하고 조절하고 재생산하는 기구이다; 권력은 억압적 권위가 아니라 물질적 표상들이다; 권력은 편재(偏在)하지 않고 편재(遍在)한다. 제도는 그러한 권력의 서식처이자 존재 양식이다. 문학도 제도를 이룸으로써 존재한다면, 그것은 문학이 가장 비권력적인 것을 표장으로 권력 싸움에 참여하고 있다는 것을 말한다. 실로 놀랄 만한 일이다. 가장 무용한 정열이 가장 강력한 힘을 꿈꾸고 있다. 꿈꿀 뿐만 아니라, 저마다 위협적인 힘들 사이에서 아등바등 모가지를 빼고 있다.

그렇다고 회의론에 빠질 필요는 없을 것이다. 시저의 음성으로 '문학이여, 너마저'라고 부르짖을 이유는 없는 것이다. 왜냐면, 그게 삶이기 때문이다. 권력을 향한 욕망들이 적나라한 물질성으로 충돌하고 융합하고 새 욕망들과 그 욕망의 기관들을 잉태하는 자리, 제도란 권력일 뿐 아니라 삶인 것이다. 말을 바꾸면, 제도는 욕망들의 싸움터이지, 욕망이 성취되거나 말소되는 장소가 아니다. 사이드는 권력의 공간학을 개시한 푸코가 제도의 지배 권력으로의 일률적 귀속에 집착하고 있는 것은 아닌가 하는 의문을 던지면서, 지배 권력에 대항하는 투쟁들이 그 나름의 체제와 기구를 형성하고 있을 것이라고 추정하고 있는데,[2] 이 제3세계 철학자의 욕망이야말로 제도란 제도들의 싸움터라는 것을(주제의 차원에서, 세계 지배 권력 기구에 저항 세력의 [잠재적] 체계성을 대립시키고, 언술의 차원에서 서구 철학자의 언술에 팔레스타인 망명객의 언술로 대항하기) 선명하게 보여주는 것이다. 실로, 사회적 장이란 "영원한 싸움판"[3]이다. 다만 사이드의 착각이 있다

---

2) "결론적으로, 그들의 힘이 어떤 수준에서는 체계적이지 못함을 인정하지 않을 수 없다 하더라도, 우리는 또 다른 수준에서, 우리가 '그들의' 힘(그러니까, 권력)과 '그들의' 조직 원리에 대해 상상할 수 있는 것의 한계들을 인정해야 할 것이며, 따라서, 그들은 우리가 쉽사리 이해하지 못하는 것들을 꿈꾸고 있다는 것을 인정해야 할 것이다"(「푸

면, 혹은 그 추정에 의도적인 은폐가 있다면, 그것은 그 저항 세력의 제도적 싸움 또한 권력에의 욕망, 다시 말해 지배의 욕망으로 불타고 있다는 것을 외면하고(고의적으로?) 있다는 것이다. 랑그를 꿈꾸는 모든 파롤들은 그 자체로서 랑그의 방식으로 구조화되어 드러나지 않을 수 없다(사이드의 언술에서 아무런 글쓰기의 차이를 느끼지 못하는 것은 그 때문이다). 그의 체계의 모태가 그것이기 때문이다.

부르디외가 플로베르를 논하는 자리에서 원한이 자발성과 짝을 이루고 있다는 것을 지적하였을 때,[4] 그는 이론적 차원에서 푸코, 알튀세르, 지라르보다 한걸음 더 나아간 것임에 틀림없다. 그의 '장' 이론이 제도의 물질성 심부에 놓인 제도 구성원들의 '성향들'을 운동 기제로 놓고 있다는 것은, "그만큼 객관적 관계 속에서 행위자의 역할을 중시한 결과이다. 그러나 그 행위자의 역할이 완전히 주체적인 것은 아니다."[5] 그 성향은 그 자체가 하나의 객관화 과정 속에서 움직이는 힘이기 때문이다. 중요한 것은 지배 제도와 저항 운동 사이

코와 권력의 이미지」, D. C. Hoy 편, 『미셸 푸코에 대한 비판적 읽기』, 불역본, Editions Universitaires, 1989, p. 174).

3) 부르디외, 『말해진 것들』, Minuit, 1987, p. 134.

4) "원한은 유일한 출구가 아니다. 그것은 자발성과 번갈아가며 발전해 나간다"(『예술의 규칙들』, Seuil, 1992, p. 38).

5) 오생근, 「피에르 부르디외: 철학적 사회학 혹은 구조주의적 마르크시즘을 넘어서」, 대학신문, 1355호, 1993. 9. 13.

의 대립이 아니라, 거꾸로 똑같이 권력의 욕망으로 들끓는 제도들 사이에 태교와 고려장이, 공모와 배반이 이루어지고 있으며, 바로 그것 때문에 세계 전체가 뒤흔들리고 있다는 것이다. 비알라의 훌륭한 복원도가 보여주듯이, 고전주의 시대의 작가들은 지배 권력(절대 왕권)의 도구가 되는 길을 수락함으로써(또, 그렇게 버림받음으로써) 그들의 장소를 그들만의 음모의 자리, 다시 말해, 지배 권력에 대해 가장 위선적인 공간으로 재탄생시켰었다.

이 이중성 속에 문학이라는 제도의 유별난 불안정성이, 아니, 불안정화의 힘이 있다. 그 힘은 제도들 사이에서 꿈틀거리며, 동시에 문학 제도 내부에서 물결친다. 근대적 개념인 문학은 '상상적 진실'의 세계를 추억하고 꿈꾸는 자리로 그의 위치를 독립시켰다. 아니, 그렇게 유보되었다. 똑같은 상상적 진실의 세계이지만, 국가 기구에게 그것은 현실의 진실성을 보증하는 상징이며, 버림받은 문학인에게 그것은 자발적으로 유폐된 왕국이고, 세상에 환멸을 느낀 독자에게는 보상력을 가진 전도된 세상이다. 학교와 시장과 가족과 문화 속에서 문학은 지금—이곳의 시원이자 종말이 되기도 하고, 지금—이곳의 균열이자 파탄이 되기도 한다. 문학(이라는 제도)의 내부에서 문학은 제도 일반의 법칙을 따르기도 하고, 강화하기도 하고, 변형시키기도 하며, 파투 내기도 한다. 문학은 저주받은 지대이고, 보호받는 천민이며, 약속된 축복이고, 연기된 그것이고, 연기된 항거이며, 전도된 욕망이고, 욕망의 전도이고, 전도된 것을 결코 바로 세우지 않는 방식으로 전도시키기이다.

제도로서의 문학을 말하는 자리에서도 우리가 당위를 말해야 할까? 권력들의 욕망 한복판에 끼인 문학 속에서도 특이한 지위를 가진 글쓰기/읽기의 존재를 말해야 할까? 권력에 대한 욕망, 다시 말해 의미화의 실천들 속에서 영도의 기술이 존재할 수 있을까? 왜냐면, 제도란 언제나 욕망이 넘쳐흐르는 용기이기 때문이다. 그러나, 영도의 기술이 꿈이 되는 순간, 그것은 그대로 의미의 문턱을 넘어선 것이다. 이 이중성의 견디기, 이 이중성 자체를 모방의 놀이로 만들기, 그 저편에 문학적 실천들의 구체적 지형도를 그려야 할 긴박성이 우리 앞에 놓여 있다. 시장에서, 방안에서, 학교에서, 도서관에서, 문학 집단들 속에서, 문예 학교에서, 술집에서 문학은 어떻게, 무슨 현실태 *instance*로, 윤리학과 오디오 기기와 참고서와 생활과 '폭파하는 술잔'과 문학 그 자체 사이에서 그들과 어떻게 뒤엉켜 뒹굴고 있는가? 뒹굴면서 어떻게 잠들고, 잠깨고 있는가? 문학 제도에 대한 성찰이 해내야 할 일이 그것이다. 문학을 생각하는 사람들은 그 동구 밖에 서 있다. 아직은 여유도, 능력도 없다. 다시 말해 지배적 제도들과 위선적으로 타협할 힘이 없는 것이다. 문학에 대한 '순수한,' 다시 말해, 환상의 정열들은 무서운 원심력으로 소용돌이치는데 말이다.   〔1993. 12〕

가상들

영화는 기술 문명의 동반자인가?

2월 4일자 『르 몽드』지는 진 켈리의 사망에 대해 한 면을 통째로 바치고 있다(『르 몽드』를 인용하는 것은 내가 지금 파리에 있기 때문이다). 진 켈리가 누구인지는 『씨네 21』의 독자가 나보다도 더 잘 알 터이다. 내가 그를 기억하는 것은 「빗속에서 노래하며 Singing in the rain」에서의 그 유명한 춤을 통해서이다. 그는 이렇게 말했다고 한다: "내 춤은 내가 거리 사람들의 정신, 즉 아메리카 프롤레타리아의 정신이라고 생각한 것에 뿌리를 두고 있다." 그리고 『르 몽드』는 "뮤지컬 코미디를 거리로 끌어내린" 이 위대한 스타의 「빗속에서 노래하며」야말로 "일종의 작은 기적이고, 각각의 시퀀스들은 '띠잉 갈' 정도의 조화로움의 총체 안에 녹아들었다"고 평하면서, "이 현란한 작품에는 무성 시대로부터 유성 시대로 이행해가던 당시의 영화의 열정이 생에 대한 갈망 그리고 사랑에 대한 신앙과 한데 뒤섞여 있다"고 분석하고 있다.

아주 오래 전에 본 이 영화가 내 기억의 수면 위로 다시 떠

오른 것은 그 춤의 완벽한 한국적 재현을 보았을 때였다. 이
명세 감독이 만든 「남자는 괴로워」에서의 안성기가 바로 그
해석자였다. 그는 반강제로 사표를 제출하고 비를 맞으며 거
리를 헤매는데, 그 방황은 문득 선율을 타고 율동으로 변하
던 것이었다. 가로등을 잡고 휘익 도는 그 모습이 진 켈리의
그것과 너무나 똑같아서 나는 아연, 할리우드 뮤지컬의, 플
라톤적인 의미에서의, 이데아가, 플라톤의 생각과는 달리,
현실 속에 그대로 판박혀, 뚝, 떨어져 들어오는 듯한, 충격을
받았다.

　나는 영화평론가가 아니기 때문에 영화에 대해 이런저런
평가를 내릴 능력은 갖고 있질 못하지만, 안성기의 그 춤이
진 켈리에 대한 아주 의도적인 패러디임은 직감할 수 있었
다. 그리고 그 직감은 문명 사회와 영화의 관계에 대한 생각
으로 자연스럽게 나를 이끌고 갔다.

　영화가 대중 기술 문명 사회의 산물이고, 기술 문명이 영
화의 쾌속 열차가 되어주었다는 것은 누구나 아는 사실일 것
이다. 아마도 1950년대는 영화와 문명의 행복한 동행이 절정
에 달했던 시대였던 모양이다. 유성 영화의 시대로 접어듦으
로써 영화는 단순히 활동 사진이기를 멈추고 민주주의 사회
에 걸맞은 문화 형태로 도약할 수 있었다. 무엇보다도 '통화
(通話)'가 내적 형식으로 자리잡았던 것이다. 그럼으로써 영
화는 자신의 장래를 문명의 진보 그리고 민중의 성장과 일치

시키는 행운을 누렸다. 「빗속에서 노래하며」는 영화와 문명과 새로운 시민들의 위대한 합창이었던 것이다. 그러나 그로부터 40년이 지나서 안성기가 춘 춤은 그 합창에 대한 저주로 읽힌다. 그의 춤은 탈출의 희열을 보여주고 있으나, 그 희열은 에로스적이지 않고 타나토스적이다. 문명 사회 바깥에는 컴컴한 죽음만이 도사리고 있기 때문이다. 그가 돌아갈 곳은 결국 가정일 뿐이고, 가정이야말로 문명 사회의 가장 조밀한 핵자이다. 그곳에서는 얼굴을 드러내지 않는 여자가 아주 따뜻한, 하지만 그만큼 권위적인, 목소리로 그를 맞아들이고 있다. 마누라에게 그는 그의 해직에 대해 뭐라 말할 것인가?

40년이라는 세월의 의미는 문명 사회의 산물인 영화 안에서 문명 사회에 가장 적대적인 담론들이 등장했다는 것이다. 영화가 그 속성상 현실과 사회에 대해 수동적일 수밖에 없다는 흔한 판단은 아무래도 잘못된 상식인 것 같다. 그러나, 도대체 영화로 하여금 현실 비판적 기능을 수행케 하는 동인은 무엇일까? 작년 프랑스에서는 영화 100주년을 기념하여 영화의 발생사를 복원하는 작업을 한 적이 있었다. 그 작업을 담당한 사람은 뤼미에르 형제 때부터 영화에 심어진 세 가지 기본 요소를 시간·공간·우연으로 파악하였다. 시간과 공간은 알겠는데, '우연'은 좀 깊은 생각을 요구한다. 그 우연은 오늘날 오디오 비주얼 문화에서 능란하게 써먹는 도구로서의 우연이 아니라, 바로 영화 그 자신에 대한, 그 자신의 죽음을 겨냥하는 우연으로 내게 보였다. 그 우연이 무엇일까? 영화광들이신 『씨네 21』의 독자들도 한번 생각해보시기 바란다.

[1996. 2]

사람들이 이미지를 향해 간 까닭은?

왜 비주얼일까? 종이를 쓰레기통 속으로 튕겨보내며 문화의 혁명을 휘몰아가는 바람이. 문자의 시대에는 모든 감각이 언어로 여과되었다면, 이제 모든 감각들은 시각으로 수렴된다. 한데 어느 모로 보아도 시각이 오감 중 으뜸 감각이 되어야 할 이유는 없어 보인다. 그것은 촉각보다 덜 직접적이고 청각보다 사정거리가 짧으며 후각처럼 깊이가 있지도 않다. 그것은 다른 감각들에 비해 늘 부차적이다. 그러나 가장 무서운 자는 늘 배후에 있는 법인가? 시각은 어쨌든 직접적이며('첫눈'에 반하는 연인들), 어떤 감각들보다 전체적이고('한눈에 들어온다'고 하지 않는가), 후각(보들레르가 찬미한, 이 코를 찌르는 지독한 냄새들!)과 달리 공격적이지 않다(19세기 사람들은 당대의 3가지 위대한 발명, 즉 증기·전기·사진 중에서 마지막 것이 유일하게 무해하다고 '착각'하였다).

시각이 직접성과 전체성과 무해성을 가지고 있다는 것은 그것의 양끝에 주체와 대상이 변별적 실체들로 놓여 있다는

것을 뜻한다. 가령, 촉각의 양편에 두 주체가 놓이는 것과 그
것은 다르다. 촉각의 주체가 만나는 타자는 그 또한 주체이
다. 그리고 항상 타자ー주체는 불길하다. 그가 언제 나를 칠
지 모르기 때문이다. 사르트르의 유명한 명제를 다시 쓰자
면, 타인은 지옥이다. 그에 비해, 사진 속의 이미지들은 그런
위험성을 동반하지 않는다. 또한 촉각이 부분적인 데 비해
(온몸으로 만나는 경험은 구호 속에나 있다), 시각은 전체적이
다(장님만이 코끼리를 더듬는다). 사진이 발명되었을 때 사람
들이 그렇게 열광했던 까닭은 과거를 토막내 납작하게 눌러
보존할 수 있는 최적의 수단을 거기에서 발견했기 때문이라
고 맥루언은 말한 적이 있다.

시각은 직접적이면서도 무해하고 무해하면서도 전체를 장
악하게 해준다. 그러니, 알겠다. 시각만이 문자를 대신해 기
호의 제왕으로 군림할 수가 있는 것이다. 문자를 **빼놓으면**
그것만이 세상을 대상화할 수 있고, 따라서 전체적 파악을
가능케 하기 때문이다. 다시 말해, 의미를 생산할 수 있는 것
은 오직 시각 기호들뿐이다.

오늘날 이미지의 범람, 이미지의 요란 방정은 이로부터 오
는 게 틀림없다. 생생한 이미지, 확연한 이미지, 내 눈 아래
서 춤추는 이미지…… 이미지는 순수ー전체ー대상이다. 이
미지야말로 주체의 주체성을 가장 확실하게 느끼게 해주는
토포이 τοποί 다. 이미지를 생산하는 활동은 '보다'라는 동사

74

이다. 그것의 사전적인 정의는 "눈길을 통해 대상을 알거나 감상하다"이다. 다시 말해, 이미지는 앎의 대상, 주체가 눈길 속에 가두어 마구 조물락거릴 수 있는 대상이다. 이미지를 통해 주체는 진실을 소유한다. 어느 시인은 "나는 하늘을 보았다"고 하지 않았던가? 보는 자는 세계의 진실을 움켜쥐는 자이다. 보는 자는 세상의 권력자이다. 오늘의 이미지 마니아들, 즉 권력자—대중은 이미지를 통해 원하는 대로 세상을 떠내고 재현하고 복제할 수 있다고 믿는다(이미지는 라틴어 이마고imago로부터 왔고, 이마고의 첫째 뜻은 재현·모방·초상이다).

하지만, 안된 얘기지만, 그것은 환상이다. 환상이라고? 왜냐하면, 오늘의 과학은 이미지는 결코 대상의 재현을 가능케 하는 무해한 것이 아님을 밝혀주기 때문이다. X선의 치명적 위험은 19세기인들의 환상을 단박에 깨뜨린다. 가시광선 내에서라고 사람들의 이미지 신앙이 안전할 수 있을까? '보다'의 과학적 정의는 사전적 정의의 정반대편에 있다. "무엇을 보다는 것은 그것에 쪼인 빛이 야기한 혼란을 추적한다는 것이다"(미셸 크로종). 그러니까, '보다'는 대상의 실체성을 포착하는 것이 아니다. 그것은 대상을 붕괴시키고, 대상으로 반사된 빛을 통해서 거꾸로 보는 자를 위험 속에 몰아넣는다.

생각해보라, 인적 없는 길목에서 마주친 자의 한없이 무심

한 눈길이 얼마나 나를 섬뜩하게 했던가를. 나는 당황하고 두려움에 떨며 종종걸음으로 달아나지 않았던가. 보는 자와 보이는 자 사이에 떠오르는 이미지는 당황과 종종걸음의 흔적들이지, 어떤 견고한 물체가 아니다. 이미지는 현실을 재현하는 체하면서 현실을 파괴하고 재구성한다. 게다가 누가 보는 자이고 누가 보이는 자인가? 실은 둘 다 보는 자이며 동시에 보이는 자인 것이다. 그러니, 이미지의 주체는 보는 자가 아니라 이미지 그 자신일 뿐이다.

　이미지의 재현은 그러니까, 재현에 대한 흉내일 뿐이다. 재현의 신앙에 귀신들린 이미지는 현실을 끝없이 모의할 뿐이다. 이미지가 범람할수록 구성은 사라지고 모의들만이 남는다. 내 생각은 무척 비관적인 쪽으로 다가가고 있다. 누군가 묻는다. 그렇다면, 구성된 이미지들, 아니 차라리 이미지는 구성이라는 생각이 널리 퍼지면 좋지 않겠는가? 그러나, 구성은 고통스런 노동이고, 구성은 주체의 파괴를 각오하게 한다. 모의로서의 이미지는 그 노동을 면제해주고 그 죽음을 회피케 한다. 이미지가 '범람'하는 까닭은 바로 거기에 있다. 사람들이 이미지를 구성이라고 생각하는 순간, 그것의 주가는 급락할 것이다.　　　　　　　　　　〔1996. 4〕

이미지냐 현실이냐는 잘못된 문제다

　이미지에 열광하는 사람이나 이미지에 반대하는 사람이나 최후의 알리바이는 현실성이다. 앞선 사람은 이미지가 곧바로 생생한 현실감을 충족시켜주기 때문에 그것에 열광하고, 뒤처진 사람은 그것이 기껏해야 가짜에 불과하다는 사실을 부단히 고발한다. 실재에 대한 신앙을 두 극단이 공유하고 있는 것이다. 하지만, 그렇게 이미지의 영구 참조항이 될 실재는 정말 있는가? 왜냐하면, 그 실재 또한 온갖 상상(이미지네이션) 활동의 결과로서 나타난 것이기 때문이다. 디즈니랜드, 쥐라식 파크만 그런 것이 아니다. 우리가 자연이라고 부르는 순수 실재도 자연 구성물들의 활동의 결과이지, 태초부터 이미 그렇게 정해진 모습대로 존재하는 것이 아니다. 먼지 덩이가 굳어서 생긴 바위는 변덕스러운 기상과 오래 겨루면서 제 모습을 조금씩 변화시켜나간다. 그러니, 자연도 사유하고 꿈꾸고 기획하고 작업하는 것이다. 개체의 차원에서가 아니라면, 적어도 집단적인 차원에서는 그렇다. 자연들의 끊임없는 갈등과 협동의 되풀이는 그러한 집단적 사유의 현실태를 이룬다. 마찬가지로 우리는, 자연의 극단에 놓인 이미지들은 오직 가상일 뿐인가, 를 물어야 한다. 사르트르의 『상상』의 서두를 장식하는 그러한 주장을 우리는 오늘날 받아들일 수 없다. 이미지는 자신을 현실로 착각하게 할 뿐만 아니라 현실을 창조한다. 보드리야르의 말을 빌리자면, 영화관의 어둠을 막 빠져나온 사람이 주변의 거리가 영화보다도 더 영화스럽다는 사실에 놀라지 않는 게 이상하다. 마치, 아를르에 가면, 우리가 고흐의 그림 속에 들어가 있는 듯한 착각에 빠지듯이. 그런데 미술의 시대와 영화의 시대가 다른 것은, 원본과 복제본의 방향이 거꾸로 되었다는 것이다. 이미지가 현실을 모방하는 게 아니라 현실이 이미지에 비추어져서 제작되는 것이다.

그러니까 문제는 이미지냐, 현실이냐가 아니다. 현실은 이미지들의 구성물이며, 이미지는 현실의 증상이다. 문제는 다른 데에 있다. 보드리야르는 이미지와 실재의 공모가 문제의 핵심임을 누구보다도 정확히 알아차렸다. 만일 이미지가 현실을 증발시키기만 한다면 이렇게 범람하지는 못했을 것이다. 오늘날 이미지의 세상, 다시 말해, 가상들, 모의들의 세상이 된 까닭은 현실성이라는 신비 효과를 그것들이 끊임없이 발생시키기 때문이다. 이미지 덕분에 현실은 증대되고 더욱 사유화(私有化)된다. 서태지의 브로마이드를 책상 앞에 붙인 여학생은 이미 '태지 부인'임을 자처한다.

이미지와 실재의 이 공모 앞에서 무엇을 할 것인가? 나는 보드리야르의 '치명적 전략'이 말 그대로 전략인지 아니면 그의 예언인지 알 수 없지만, 그것에서 가능성을 보지는 않는다. 그의 치명적 전략이란 무엇인가? 이미지는 "의미와 재현의 생산 공장이 아니라, 의미와 재현이 사라지는 곳, 따라서 실재의 부인과 현실 원칙의 부인이라는 치명적 전략의 장소"라는 것이다. 그것이 전략이라면, 이미지와 현실의 공모를 끊어버린다는 점에서 그러할 것이고, 그것이 예언이라면, 이미지가 현실을 창조하게 된 사태는 숙명적으로 "이미지로의 미친 질주"를 야기한다는 뜻으로 이해될 수 있을 것이다. 그러나, 그것이 무엇이든, 나는 그 방향에 동의하지 않는다. 왜냐하면, 이미지로의 미친 질주를 가능케 하는 것은 궁극적으로 현실성의 효과일 것이기 때문이다. 그러니, 실재는 결코 사라지지 않는다. 그것은 결코 도달할 수 없는 환상인 채로 여전히 이미지에 귀신들린 주체들의 최후의 큰 타자로 존재할 것이다.

나는 오히려 이미지와 실재의 공모가 이루어지는 자리의 한복판에서 그 가능성을 찾는다. 그 자리는 오직 이미지에 홀린 유령들이 날뛰는 자리이기만 한가? 그 자리에서 유령들은 이미지들에게 먹히기만 하는가? 오히려 이미지를 뱉어 내려고 하지는 않을까? 보라, 나는 가수의 브로마이드를 책상 앞에 붙인 여학생에 대해 말했다. 그 여학생은 정말 그를 소유했다는 환각에 빠져 있는 것일까? 오히려, 그녀는 브로마이드가 인물을 결코 대신할 수 없다는 것을 동시에 느끼고 있는 것이 아닐까? 프로이트가 『쾌락 원칙을 넘어서』에서 밝혀주었듯이, 가수의 모형과 장신구들에 대한 그녀의 끝없는 수집·대체 행위는 동시에 결코 도달할 수 없는 실재에 대한 환멸의 반복 강박이 아닐까? 만일 그렇다면, 그곳이야말로 앎의 구멍인 것이다. 이미지에 귀신들리는 주체는 동시에 앎의 주체인 것이다. 실로 이미지는 앎으로 가는 길인 것이다. 미시 과학이 발전시킨 뉴메리컬 이미지는 사물의 이치에 대한 인식을 증대시키지 않는가? 좀더 정확히 말하면, 이치의 좀더 정밀한 재구성을 가능케 하는 것이다. 이미지는 미신과 지식을 동시에 생산한다. 그러니 치명적 전략은 극단에서 오는 것이 아니다. 반란은, 전복은 항상 내부로부터 온다.   〔1996. 5〕

움베르토 에코가 착각한 것

5월 20일자 『출판저널』은 IPA(국제출판협회) 총회에서 움베르토 에코가 행한 기조 연설 전문을 번역해 싣고 있다. 컴퓨터 문화와 문자 문화의 관계에 대한 얘기다. 에코의 놀라운 박학을 일단 접어두고(그가 『파리의 노트르담』의 한 사소한 대목을 어떻게 기억하고 있었을까?), 그의 주장의 핵심을 추출하자면 이렇다: "이것이 저것을 죽이리라는 상투적인 사건은 일어나지 않을 것이다." 다시 말해, 컴퓨터 문화가 책 문화를 "대체했다고 말해서는 안 된다. 고맙게도 우리는 두 가지를 다 가졌다"는 것이다.

에코는 무엇보다도 두 문화의 협력을 권한다. 그가 보기에 "오늘날 시각적 소통이 문자적 소통을 압도하고 있는 게 설령 사실이라 하더라도 이 둘을 대립시키는 것은 문제의 핵심에서 벗어난다. 문제는 이 둘을 어떻게 모두 발전시키느냐다." 썩 훌륭한 절충론이다. 그러나, 이런 절충주의는 실제로 벌어지는 '사실'을 재빨리 상호 공존의 윤리학으로 덮어버릴 수도 있다. 한 아이가 다른 아이를 일방적으로 패고 있는 걸 구경하면서 '사이 좋게 놀아라'는 덕담을 늘어놓는 것과 그것이 뭐가 다른가?

물론, 에코의 논지가 단순하지는 않다. 그는 시각 문화의 어떤 결핍을 문자 문화가 메워줄 수 있는지 섬세하게 짚어나간다. 그는 시각 매체가 비판력을 둔화시킨다는 아리송한 통념을 설득력 있게 논증한다. "이미지는 플라톤적인 힘을 갖고 있"기 때문이다. 그리고는 멋들어진 명제를 제출한다. "시스템은 제한되었으면서 무한하다. 텍스트는 제한되었고 유한하다." 시스템은 곧 하이퍼텍스트를 지칭한다. 하이퍼텍스트는 자유로운 조작과 변경이 가능하며, 따라서 그것은 완성된 물건이라기보다는, 일반적인 시스템이 그러하듯, 가능성의 총화다. 반면, 텍스트는 비록 다양할지라도 부차적일 수밖에 없는 해석들만을 남기고 있는 완성품이다. 이 차이가 결국 무엇을 낳는가. 하이퍼텍스트는 자유를 제공하지만, 책은 운명의 법칙을 제시한다. "쓰어진 『전쟁과 평화』는 우리에게 '자유'의 무한한 가능성을 주는 것이 아니라, '필연'의 냉혹한 법칙을 제시한다. 자유로운 인간이 되려면 우리는 삶과 죽음에 대한 이런 가르침을 배울 필요가 있으며, 오직 책만이 그런 지혜를 여전히 줄 수 있다."

"책이 우리에게 제공하는 제약된 세계"에 대한, 감동적이기조차 한 '찬미'이다. 그러나 무언가 찜찜하다. 눈이 큰 독자라면, 시각 매체로부터 하이퍼텍스트로의 비약에 당황했을 것이다. 정말 에코는 한 가지 착각을 일으키고 있다. 컴퓨터 문화와 문자 문화 사이의 차이는 문자와 시각의 차이가 아니다. 그것은 문자와 비트의 차이다. 컴퓨터 문화에서의 이미지는 전통적인 의미에서의 그것이 아니라, 뉴메리컬 이미지이다. 흔히 쓰는 용어로, 이 차이는 아날로그와 디지털의 차이이다. 내 식으로 정의한다면, 아날로그는 재료와 물건이 동일한 성질을 가지고 있는 데 비해, 디지털에서는 재료와 물건이 속성상 완전히 이질적이다. 가령, 책은 만들 때나 읽을 때나 여전히 문자로 작업하지만, 컴퓨터 화면에 표현되는 문자와 그림들은 0과 1만의 값을 갖는 부호들의 조합의 결과이다.

에코의 착각은 두번째의 명제에도 영향을 끼치는 듯하다. 그는 하이퍼텍스트와 텍스트의 차이를 자유와 필연의 관점에서 풀었다. 그러나, 하이퍼텍스트의 자유는 근본적인 구속을 은폐하고 있는 자유다(이 점에 대해서는 다음 장인 '기관들'에서 자세히 언급될 것이다). 컴퓨터 시스템은 결코 가능성의 총화가 아니다. 언어나 색깔이 자연적으로, 혹은, 아주 오랜 집단적인 무의식적 작업을 통해 형성되는 데 비해, 컴퓨터 시스템은 몇몇 전문가들에 의해 독점적으로 확정된다. 그리고 그 바탕 위에서 소위 무한한 자유, 쌍방향성이 전경화되어 사용자들을 유혹하는 것이다. 전자 산업의 세계에서 날마다 규격에 관한 싸움이 벌어지는 것은 그 때문이다. 규격을 차지한 자만이 자유의 시혜자이자 부의 독식자가 될 수 있기 때문이다. 오늘의 책은 당연히 이러한 냉혹한 법칙을 제시하여야 한다. 그러니, 책이 새 문화에게 환기시킬 법칙은 필연의 그것이 아니라, 구속의 법칙이다. 정말로 무서운 독점과 예속의 역학이 그 속에서 작동하고 있는 것이다. 계급 투쟁은 결코 사라지지 않았다. 구조가 바뀌었을 뿐이다. 오늘의 대립은 프롤레타리아와 자본가 사이에, 혹은 지식인과 대중 사이에 있는 것이 아니라, 전문가와 일반인 사이에 있다. 그 대립에서는 권력이 지식을 이용하는 것이 아니라, 지식이 권력을 창출한다. 아는 자만이 권력을 가질 수 있으며, 아는-자는 모르는 자를 무지 속에 방치해둘 방법마저도 안다. 새로운 계급 대립은 단절을 심화시키는 걸 순행적 흐름으로 갖는다는 특이하고도 무서운 성질을 내포하고 있다. 이 무서운 법칙은 절충론으로는 결코 풀리지 않는다. 더 거친 육체가 필요하다.

〔1996. 6〕

영화의 미래에 대한 영화인들의 공포

『카이에 뒤 시네마』 6월호는 '내일의 영화: 뉴메리컬, 버추얼, 인터액티브'를 특집으로 꾸미고 있다. 제목은 마치 보물섬을 향해 출항하는 '히스파니올라' 호의 깃발 같은데, 속을 들여다보면 실버의 망령이 이미 횡행하고 있다. 컴퓨터 그래픽이 곳곳에 감초처럼 침투해 있는 현대 영화에 대한 사실 보고를 넘어서서, 기술 문명에 대한 프랑스 영화인들의 '공포'가 심각하게 드러나 있는 것이다.

프랑크 보가 쓴 「예고된 교체의 연대기」는 재래의 영화와 내일의 영화 사이에 근본적인 단절이 있음을 본다. 그 단절을 축약하자면, 카메라와 모핑 *morphing*의 단절이다. 그 사이에 왜 섬이 없고 단절이 있는가? 카메라는 이미지를 발견하지만 모핑은 이미지를 합성한다. 카메라는 있는 이미지를 찾아내지만, 모핑은 없는 이미지를 창조한다. 죽은 닉슨과 포레스트 검프를 악수시키고 사람을 산산이 해체시킨 다음 살인 기계로 재생시킨다. 못 만들 이미지는 없다. "이제 모든 것이 가능하게 되었다." 모핑이 가져다준 이 가공할 능력에 비추어볼 때 카메라가 무용지물이 될 날도 얼마 남지 않아 보인다.

그래서, 영화의 신기원이 도래한 것일까? 그런데, 보는 모핑의 도래를 '악마적'이라고 규정한다. 그것은 "컴퓨터에 의해 영화──그리고 가시적 세계──를 '처치'하려는 욕망을 극화"하고 있기 때문이다. 이 대목은 의혹을 불러일으킬 수도 있다. 발견된 이미지나 창조된 이미지나 이미지이기는 마찬가지며, 현실 지시성을 벗어난다고 비난한다면, 상대편에서는 "현실의 참을 수 없는 무게로부터의 해방"이자, 새로운 현실의 창조라고 맞불을 놓을 수 있기 때문이다. 문명비평가 폴 비릴리오와 두 영화평론가들의 대담, 「낭트의 대폭발」은 좀더 깊은 대답을 들려준다. 영화평론가 장 피에르 리모쟁이 말한다: "이젠 더 이상 영화 속에 응시면들의 교통이 없다는 것이 문제이다. 예전에 영화는 시선의 예술이었으며 따라서 깊이를 다뤘다." 그 말을 로랑 로트가 부연한다: "올리비에라, 키아로스타미, 타르코프스키의 공헌은 깊이에 대한 성찰을 발전시켰다는 것이다."

같은 이미지되, 발견된 이미지에는 깊이가 있으며, 합성된 이미지에는 그것이 없다. 발견된 이미지는 지속성을 가지는 데 비해, 합성된 이미지는 그 자신 곧바로 변형될 운명에 처해지기 때문이다. 나는 이 말들이 지난번에 언급한 에코의 견해와 비교해 한걸음 더 나아갔다고 생각한다. 깊이란 말을 바꾸면 주체와 대상간의 긴장에 다름아니다. 즉, 현실 지시성의 문제는 현실과 유사한가, 그렇지 않은가의 문제가 아니다. 그것은 이미지를 다루는 사람이 진리와 대면할 의지가 있는가 없는가의 문제이다. 그 진리가 환상이자 억지가 될 때 예전의 이미지는 거짓을 성화하는 도구가 된다. 그러나, 그것이 여전히 진리임을 고집할 때 그것은 스스로 배반당할 운명을 만날 수밖에 없다. 그것은 "칼로 승한 자는 칼로 망한다"는 것과 같은 이치다. 하지만 그것은 '칼의 법칙'을 수락할 때 정당화될 수 있는 얘기다. 만일 "칼로 승한 자는 총을 만든다"고 한다면, 그것은 게임의 규칙을, 다시 말해, 진리를 더 이상 받아들이지 않겠다는 선언이 된다.

바로 여기에서 '악마성'의 바른 뜻이 드러난다. 악마적이라는 것은 흉악하고 비도덕적이라는 뜻이 아니다. 그것은 신 없는 신들림, 다시 말해 진리 없는 홀림의 세계라는 뜻이다. ET의 세계는 괴이한 유혹 *Electronic Temptation* 의 세계이다. 이 전자 유혹의 세상을 추동하는 기본 동력은 주체와 대상간의 긴장 파괴이다. 그것은 카메라와 모핑에서뿐만 아니라, 극장에서 안방으로의 이동(공공 참여망의 와해), 영화 기법으로서의 컷 *cut* 의 발전(이미지에서 사유의 배제) 등 멀티미디어의 새로운 양상들 속에 두루 나타난다. 비릴리오는 이 양상들이 야기할 재앙을 무시무시하게도 원자폭탄에 비교한다. "사회 관계망의 총체적 붕괴"가 도래한다는 것이다. 정말 그렇다면, 어찌해야 할 것인가? 비릴리오는 저항의 원칙을 다음과 같이 제시한다: "영화는 멀티미디어의 덕성이며, 따라서 그것의 감시 역을 떠맡아야 한다." 결국 이 수밖에는 없는 것일까?   〔1996. 7〕

미래의 영화에도 심연이 있다

　결국은 그럴 수밖엔 없는 것일까? 나는 앞 글을 이 물음으로 메지냈었다. 멀티미디어의 발달이 초래할 수도 있는 '총체적 파국'에 맞서 영화가 할 수 있는 일은 결국 '감시자'의 기능밖에는 없는 것일까? 비릴리오가 던진 이 정언적 명령은 그러나 소모성 착각을 야기할 수도 있다.

　무엇보다도 도식성의 허방에 빠질 위험. 지난번 글을 버티고 있는 기본 대립은 카메라와 모핑 사이의 대립이었다. 『카이에 뒤 시네마』의 필자들은 그 둘의 대립을 깊이의 관점에서 파악하였다. 카메라는 깊이를 다루며, 모핑은 그렇지 않다. 윤리적인 용어로 바꾸면 카메라의 시선은 신중하고 모핑의 촉수는 천박하다. 나는 기본적으로 그들의 관점에 동의한다. 그러나, 그것은 기본에 대한 동의, 출발선에 대한 동의일 뿐이다. 이러한 관점은 자칫하면, 카메라로만 찍은 영화는 모두 깊이가 있고 컴퓨터 그래픽을 동원한 영화는 모두 천박하다는 도식적인 결론을 이끌어낼 수도 있다.

나는 여기에서 소설가 이인성이 제출했던 명제, "돌이킬 수 없는 것은 돌이킬 필요가 없는 것이 되어야 한다"는 경구를 환기시키고 싶다. 컴퓨터를 통한 이미지 조작은 이제 돌이킬 수 없는 것이 되었다. 물론 재래의 카메라를 끝까지 고수하는 사람들도 있을 것이며, 카메라로만 가능한 영상도 있을 것이다. 그러나, 컴퓨터 조작은 단순한 특수 효과 장치이기를 넘어서서 영화의 일상성으로 자리잡아가고 있다. 이 추세를 저지하고 옛날로 되돌아간다는 것은 몇몇 개인들의 김빠지는 헛일이 되고 말 것이다. 중요한 것은 영화의 새로운 존재 양태 속에서 '살아내는' 일이다. 다시 말해, 본성적으로 깊은 성찰을, 즉 진실의 겨룸을, 회피시키는 이 새로운 문화를 그 문화 속에서 깊이 있게 성찰해내는 작업이 요긴하다는 것이다. 멀티미디어 감시자로서의 영화의 덕성은 멀티미디어 안에 뿌리박아야 하지, 그 바깥에 부착될 것이 아니다.

내가 또 하나 환기시키고 싶은 것은, 사진 · 영화 · 컴퓨터 동영상은 단순히 대립물들이 아니라는 것이다. 그것들이 순차적으로 꿰고 있는 이미지 문화의 발전사에는 명백한 연속성이 있으며, 그 연속성은, 내가 보기에, 유한성을 극복하려는 인간의 욕망에 뒷받침되어 있다. 맥루언이 지적하였듯이, 본래 사람들이 사진에 열광했던 것은 역사를 보관할 수단을 거기에서 발견했기 때문이었다. 그리고 사람들이 영화에 열광했던 이유도 그와 다를 바 없다. 1895년 12월 28일 파리에서 영화가 처음 대중 앞에서 시연되었을 때, 『라 포스트』지는 "이제 저마다 소중한 이들을 정지된 형태에서가 아니라 움직임 속에서 찍어놓는다면, 죽음은 더 이상 절대적이길 그칠 것이다"(『옛날옛적에 영화가 있었다』, 1995. 12, Paris에서 재인용)라고 썼다. 사진이 죽은 개인사를 보관케 했다면, 영화는 그것을 '산 채로' 사육하는 방법을 제공해주었다. 그리고 컴퓨터 동영상은 과거의 관리를 넘어서 미래까지 선취할 수 있도록 해주고 있다. 다른 한편, 영화가 발명되자 사진은 죽음의 지시체로 제 기능을 바꾸었고, 컴퓨터 동영상이 활개를 치자 이제 영화가 진실의 죽음에 직면한다.

그러니까, 사진과 영화는 각각 죽음을 넘어서려는 불로초의 욕망을 통해 생장하였고, 저의 죽음에 직면하여, 신이 되고자 하는 인간의 욕망을, 바로 저 자신의 욕망을 반성하기 시작한 것이다. 컴퓨터 조작을 통해 만들어지는 미래의 영화에도 그러한 자기 성찰이 왜 없을 것인가? 영화에 대한 식견이 짧은 나로서도 이미 그 심연 속으로 몸을 던졌던 두 편의 영화를 본 적이 있다. 「블레이드 런너」와 「2001년 스페이스 오디세이」가 그것이다. 그 영화들은 인간에 의한 기계의 착취라는 정치 경제학적 비판을 넘어서서 인간 문명의 컴컴한 뿌리에까지 접근한다. 「블레이드 런너」는 복제 인간의 추적자 자신이 복제 인간일 수도 있다는 암시를 통해, 「2001년……」은 인간의 사유와 다른 기계의 사유가 존재한다는 것을 보여줌으로써, "제 곡조를 못 이기고" 용솟음치는 저 인간 중심주의의 허무한 이면을 투사하였던 것이다. "안광 (眼光)이 지배(紙背)를 철(徹)"할 때 종이 위의 글자가 잉크 이든 활자이든 개의하지 않듯이, 카메라든 모핑이든 저 자신을 돌아볼 줄 아는 존재는 두루 저의 뿌리 속으로 파고드는 것이다. 그리고 그때 그는 감시자, 바깥의 검열자가 될 수는 없다. 그의 이름은 내부의 트러블 메이커, 내연(內燃)의 처인 것이다. 〔1996. 8〕

이미지로 이미지를 쏜다
——강홍구 외, 'TV전(展)'
(1996. 7. 31~8. 6, 서울 인사동 공평아트센터)

이미지로 말할 것 같으면 인사동 거리야말로 이미지 그 자체이다. 그곳엔 온갖 종류의 옛스런 것들과 현대적인 것들이 무질서하게, 그러나 자연스럽게 뒤섞여 있다. 자연스럽다고? 왜냐하면 현대적인 것조차 그곳에서는 은은히 고풍을 띠기 때문이다. 인사동에서 현대성은 차갑고 날카롭지 않다. 다시 말해 도시적이고 문명적이지 않다. 그것은 문득 옛 선비의 새로운 풍류 거리의 표정을 띤다. 날카롭던 것은 아담해지고 차갑던 것은 반듯해진다. 인사동의 초입에서 우리는 문득 텔레포트를 통해 이조 적의 한 마을에 도착한 듯한 느낌에 젖는다.

그러나, 인사동의 풍경이거나 건물이거나, 이 모든 것들이 결국은 가상의 이미지에 불과하다는 것을 알려면, 아무 가게나 문을 열고 들어가 '공평아트센터'가 어디 있는가 물어보는 것으로 충분하다. 실제로 나는 대충 스무 짝의 문을 두드렸던 것 같은데 모든 가게 주인들은 고개를 갸웃거릴 뿐이었다. 그러니, 그곳은 옛 마을이 결코 아니다. 인사동은 동구 밖 석이네의 안방 일까지 소문이 도는 공동 사회가 아니라, 다른 서울보다는 조금 느린 듯이 보이지만 실제론 그렇지도 않은 각종 흥정과 거래가 쉼없이 순환하는 계약 사회의 한 공간이다.

그러니 인사동을 방문하는 방법이 있다. 인사동을 인사동 답게 느끼려면 결코 깊숙이 들어가서는 안 된다. 그저 스쳐 지나가야만 하는 것이다. 그것은 하나의 이미지, 환영에 불과하니까. 환영의 스크린을 찢고 들어가면 더러운 소도구들이 무질서하게 흩어진 뒷무대를 만날 뿐이다. 인사동에 흔한 풍경 중의 하나: 팔자걸음으로 거리를 휘적이는 스님은 그 법칙을 잘 알고 있다. "오 자네 왔는가?" 같은 다른 장소에서 걸렸으면 유치하게 보였을 간판도 게임의 규칙에 맞춤하다. 다만 시늉만을 하는 것으로 충분한 것이다. 누구도 그것의 의미를, 다시 말해 걸음의 세계관을, 간판의 깊이를 따지지는 않을 것이기 때문이다.

첫날 나는 공평아트센터를 결국 찾지 못하고 되돌아왔다. 편집자의 자상한 안내를 받은 후 다시 거길 찾아간 것은 마지막 날일 것이다. 물론 인사동 부근에 있었다. 그러나, 우리가 흔히 알고 있는 인사동 거리에 있지는 않았다. 공평아트센터는 종로 2가 네거리에서 안국동 쪽으로 올라가는 거리, 즉 우정국로의 옛 화신상가 맞은편에 있었다. 그곳에서 'TV

전'이 열리고 있었다. 인사동에서의 'TV전'이라니…… 얼핏 그것은 이미지의 삼위 일체를 보는 듯한 느낌을 준다. 대상 (TV) · 장소(인사동) · 주체(미술)가 두루 이미지로 이루어졌 기 때문이다. 그러나, 장소는 벌써 이 삼위 일체에 미묘한 균 열이 있음을 암시한다. 그곳은 인사동이 아니라, 인사동으로 부터 약간 비켜서 있는 곳이다(정확한 행정지명은 공평동이 다).

'TV전'은 이미지의 자축연도, 혹은 자기 반성의 무대도 아 니었다. 그런 것과 전혀 무관하게 어떤 단단한 적개심이 목 을 길게 빼고 방울을 흔들어대고 있었다. 이미지들 사이에 어떤 분열이 있었던 것이다. 그리고 새 이미지의 무차별적인 제국주의에 놀란 옛 이미지의 싸움이 벌어진 것이다. "TV는 이 시대의 가장 권위적 권력이다"라는 한 작가의 발언은 'TV전' 전체를 관류하는 공통된 인식 태도라고 할 수 있다. 도처에서 TV의 권력에 짓눌리고 TV의 권위에 귀신들린 현대 의 풍경이 그로테스크하게 재현되고 있었다.

이미지들의 분열과 반목이 시작된 것은 TV에서부터는 아 니다. 이미 사진에서부터 전쟁은 시작되었다. 벤야민의 용어 를 빌려, 옛 이미지와 새 이미지 사이를 가르는 결정적인 기 준은 기계 복제에 있을 것이다. 사진이 출현하면서 옛 이미 지의 재현의 신화, 그리도 오래되었던 플라톤적 예술 관념은 회복될 수 없는 위험에 처하게 되었다. 또한, 기계 복제의 문화는 특이하게도 원주민(미술)을 보호 구역으로 처박았을 뿐만 아니라 동시에 제 아비를 하데스로 몰아넣는 역사를 연출해왔다. 영화는 사진을 죽음 속으로 몰아넣었고, TV는 영화를 진실의 죽음과 대면케 했다.

기계 복제 문화의 최신 성과는 전자 산업의 발달에 힘입은 멀티미디어의 등장이다. TV는 멀티미디어보다 일찍 태어났으나 멀티미디어를 수용적 차원에서 예고했으며, 동시에 멀티미디어의 핵심을 요약적으로 구현해왔다. 맥루언의 혜안은 그것을 날카롭게 포착했었다. 그에 의하면 TV는 한편으로 차갑고 다른 한편으로 참여적이다. 그것이 차갑다는 것은 시청자들로 하여금 뜨거운 토론 대신 '깊숙한 몰입'을 유발시키는 속성을 가지고 있기 때문이다. "텔레비전은 배경으로 쓰일 수 없다. 그것은 당신을 사로잡는다. 당신은 얼빠져 있거나 혹은 그것 곁을 떠날 수 없다"(『미디어를 이해하기 위하여』, 불역본, Seuil/Points, 1968, p. 355). 그러면서 동시에 TV로의 몰입은 단순히 수동적 환각을 뜻하지 않는다. 그것은 TV 속으로의 능동적 참여와 동의어이다. "텔레비전의 이미지는 밀도가 아주 약해서, 혹은 규정성이 덜하기 때문에, 영화와는 달리 대상들에 대한 세부 정보를 전달하지 않는다"(p. 360). 그런데 바로 이 성김이 시청자가 능동적으로 뛰어들 틈새가 된다. "TV와 함께 '웨스턴'은 새로운 중요성을 획득하게 되었다. 그 주제는 한결같이 '도시를 건설하자'이다.

시청자는 얼핏 무의미해 보이는 한줌의 요소들로부터 출발해 공동체의 구상과 개발에 참여한다"(p. 364). 맥루언은 이러한 TV의 속성에 대해 호오의 판단을 유보하고 있으나, TV에서의 참여는 아주 차가운 참여임에 틀림없다. 왜냐하면, 거기에서의 참여는 TV 속으로만의 참여, 즉 TV와 바깥과의 관계 탐구이며 TV 자체에 대한 토론이 박탈당한 상태에서의 참여이기 때문이다. 위의 인용문을 비틀어 말한다면, TV는 도시 건설 사업에 주민을 참여시키지만, 도시를 왜 건설해야 하는가, 라는 의문은 원천적으로 봉쇄한다.

TV가 보장하는 향유와 자유는 거대한 형식적 구속을 대가로 치를 때 얻어지는 것이다. 이는 멀티미디어의 속성과 정확히 일치한다. 멀티미디어의 신화 중의 하나, 쌍방향성 *interactivity*이란 능동성의 형식에 대한 완벽한 예속을 담보로 얻어지는 것이다.

아마도, 오늘날의 지식인들이 TV에 대해 부정적인 시각을 주로 표하는 까닭은 여기에 있을 것이다. TV로부터 이미지의 중심 자리를 박탈당한 화가들은 그 정도가 더 심할 것이다. 물론 그렇다고 해서 거기에 원한만이 있다고 내가 말하는 것은 아니다. 쫓겨난 자들은 그 박탈, 내쫓김을 통해서 침략자에 대한 바깥으로부터의 사유를 시도한다. 그것은 지배하는 것, 승한 것이 스스로 보지 못하는 치명적인 허점을 찾아내고 그것이 야기할 재앙을 경고한다. 'TV전'은 바로 그러한 시도이다. 그것은 이미지에 의한, 이미지에 대한, 이미지를 위한, '바깥으로부터의 사유'를 보여준다.

아마추어 감상자로서 내가 인상 깊게 본 그림(?)들은 「그녀에게 무슨 일이 일어났나」(김세진)와 「TV는 건강식이다」(김두섭), 「도망자」(강홍구) 등이다. 이 작품들이 기억 속에 남은 까닭은 아마도 그것들이 TV만을 말하지 않고 TV와 다른 것 사이의 관계를 비교적 선명하게 부각시키고 있기 때문일 것이다. 강홍구의 「도망자」는 철거중인 동네의 뒷산으로 달아나는 도망자의 전체 모습과 그의 얼굴만이 나온 TV를 대비시킨다. 그 대비를 통해서 그가 보여주는 것은 TV가 어떤 왜곡을 통해 실제를 가공하는가이다. 그림에 따르자면, 그 왜곡은 배경의 삭제, 부분의 과장, 그리고 언어적 지시라는 절차를 가지고 있다. 도망자는 철거중 동네 뒷산으로 달아나고 있는 중이다. 그 광경을 목격한 사람이라면 당연히 그곳에서 무슨 일이 있었던 것일까를 물을 것이다. 그러나 TV는 내력을 삭제하고 사건만을 보여준다. 책상은 책상이다, 라는 식으로 도망자는 범인이라는 식이다. 정황의 삭제는 부분의 과장을 필연적으로 낳는다. TV는 얼굴만을 클로즈업시킴으로써 도망자에게, 거칠게 찍힌 현상 수배범의 사진 효과와 비슷하게, 흉악범의 이미지를 입힌다. 그리고 '범인 강홍구'라는 자막이 그 조작된 이미지를 완성한다. 최후의 심판을 내리듯이, 도망자 당신의 인생은 끝장이라는 듯이, 자막은 단숨에 한 사람의 생을 언어의 감옥 속에 넣고 봉인해버린다.

「도망자」가 비교·대조라는 방식에 근거해 TV를 비판적으로 성찰하고 있다면, 「TV는 건강식이다」는 내삽(內揷)이라고 부를 수 있는 원칙을 통해서 TV와 인간의 일상적 욕망 사이의 연루를 파고들어간다. 상치와 깻잎, 마늘, 쌈장이 푸짐하게 놓인 식탁이 있다. 식탁 가운데는 가스 레인지가 놓일 자리인데, 그것을 TV가 대체하고 있다. 화면은 아주 먹음직스러운 돼지갈비를 보여주다가, 슬그머니 장면을 바꾸어 요즘 한창 인구에 회자되고 있는 젖소 부인의 우람한 젖통을 드러낸다. 이 작품의 절차는 크게 세 가지로 보인다. 우선, 가스 레인지를 TV로 대체함으로써, 사람들의 식탐과 TV에의 몰입이 똑같이 무분별한 욕망임을 보여준다. 그러나, 그것은 단순히 욕망의 동일성을 말하는 것은 아니다. 이 작품이 전하는 중요한 전언은 오늘의 세상이 온갖 욕망들의 집단적 준동과 교류로 들끓고 있다는 것이다. 오늘의 욕망 법칙은 배가 부르면 다른 욕구는 감소한다는 고전적인 원칙을 전혀 따르지 않는다. 식욕은 성욕을 부르고 성욕은 식욕을 부른다. 보라, 러브 호텔과 전원 가든은 언제나 근거리에서 번창하지 않는가? 오늘의 욕망 법칙은 욕망들이 서로를 도발하면서 욕망의 우주적 팽창을 이루어나간다는 것이다. 돼지갈비와 젖통을 교대 순환시키는 두번째 절차는 바로 그것을 겨냥한다. 세번째 절차는 그림 구성 전체를 밑받침하는 원리이기 때문에 얼핏 잘 보이지 않는다. 먼저, 여기 표현된 이미지가 노골적이라는 걸 지적하기로 하자. 화면 속의 돼지갈비는 질질 끓고 있다. 여인의 젖통도 관능적이라기보다 육욕적이다. 이 점에서 이 그림의 어법은 직설법이다. 작가는 정면에서 욕망으로 들끓는 세상을 마주보고 욕설을 퍼부어대고 있는 것이다. 그런데도 이 묘사는 자연스럽다. TV의 바깥 테두리를 이루는 사각 틀은 실제 음식점 식탁을 빼닮았다. 그 사실성은 TV와 바깥 반찬들 사이의 경계를 흐려버린다. 이 경계 소멸에 의해서 관람자는 한 순간 만찬의 식탁 앞에 앉아 있다는 착각에 빠질 법도 하다. 그러다가 문득 여인의 젖통을 보고는 이것이 TV라는 걸 알아차리고 실소하게 된다. 욕인 줄도 모르고 있다가 욕을 먹은 것이다. 그것은 관람자도 당연히 즐기는 식탐을 새삼 되새기게 한다. 관람자는 저도 모르게 실제 상황인 줄 알고 그림 속으로 빨려들어갔었기 때문이다. 그런 후에야 바깥으로 빠져나오기 때문이다. 그것은 관람자를, 아니 차라리, 욕망으로 들끓는 세상 자체를 그 내부로부터 반성케 한다. 그리고 그것은 관람자와 세상에 대한 작가의 믿음이 있을 때 가능한 것이다. 관람객이 홀릴 수도 있는 실소는 내적 반성에 대한 믿음으로부터 새어나온다. 그만큼 그것은 건강하다. 「TV는 건강식이다」를 생동시키는 힘은 건강한 웃음이다.

한데, 그것은 작가의 믿음이자 관람자의 믿음일 뿐이다. 믿음은 잠재된 현실이지 드러난 현실이 아니다. 실제의 TV 시청자는 어떠한가? 나는 또한 「도망자」를 말하면서 TV가 연출하는 부분의 과장은 조작된 의미를 산출한다는 얘기를 했었다. 그런데 부분은 부분일 따름이다. 그 얼굴을 보고 흉악범이라는 데에 누가 동의할 것인가? 물론 '범인 강홍구'라는 언어적 지시가 결정적인 선고를 내린다. 그러나 선고는 선고고 방청객의 의견은 다를 수 있다. 재판장이 '조용하시오'라고 엄숙하게 말할 때 방청객은 결과를 기다리는 대신에 엄숙을 강요하는 재판장에게 들리지 않는 야유를 보낼 수도 있다. TV 시청자는 결코 화면의 이미지를 받아들이기만 하는 바닥 없는 용기(容器)가 아니다. 도망자를 흉악범으로 만드는 데는 시청자의 결정적인 동의가 개입해 있다. 시청자는 미리 이것이 흉악범을 만드는 시나리오라는 것을 암묵적으로 받아들이면서 시청에 참여한다. 그 시청자의 동의가 사전에 있기 때문에 도망자는 흉악범이 된다.

때문에 TV에 대한 탐구가 아니라 시청자에 대한 탐구가 요긴하다. 그 점에서 「그녀에게 무슨 일이 일어났나」는 재미있는 성찰을 보여준다. TV 화면 속에 한 여자의 얼굴이 클로즈업되어 있다. 얼굴은 한번도 움직이지 않고 고정되어 있는데 어디인가 분명히 끊임없이 흔들리는 데가 있다. 바로 그녀의 눈동자이다. 그 눈동자에 끊임없이 바뀌는 중의 TV 화면이 비치고 있다. 그녀는 시방 계속해서 리모컨으로 채널을 돌리고 있는 참이다. 기본적인 절차는 역시 세 가지로 보인다. 하나는 시청자의 부동성이다. 그것은 TV가 설거지통 쉬는 줄 모르게 할 정도의 흡인력을 가지고 있다는 것을 보여준다. 그러나 그 몰입에 무슨 문제가 있는 모양이다. 두번째 절차는 화면의 계속적인 바뀜이다. 왜 그녀는 자꾸 채널을 돌리는 것일까? 정말 몰입해 있다면 한 화면에 붙박인 채로 숨도 쉬지 않을 것이다. 그런데 눈은 고착되어 있지만 손은 쉴새없이 버튼을 누르고 있는 것이다. 왜 그러할까? 세번째 절차가 의미심장한 것은 그 까닭에 대한 단서를 제공하기 때문이다. 그것은 눈동자에 투영된 TV 화면을 말한다. 만일 TV 화면이 인격체라면 그것은 상대방의 눈동자에서 기껏 자신이 비추일 뿐이라는 것을 볼 것이다. 그녀 역시 마찬가지다. 그녀가 TV에서 보는 것은 물론 화면이겠지만 그 화면 너머로는 TV를 뚫어지게 보고 있는 그녀 자신만이 있을 뿐이다. 그러한 그녀 모습이 그녀 얼굴 위로 어렴풋이 재반사되어 나타나 있다. 결국 그녀는 그녀만을 볼 뿐이고 TV는 TV만을 볼 뿐이다. 아라공의 그 시구처럼:

네 이미지는 나를 만나러 접근하나 헛되도다
네 이미지는 오직 그것만을 나타내는 내 자리 안으로 들어오지 못한다

너는 내게로 몸을 돌리지만 너는 그저
내 시선의 벽에서 너의 꿈꾸는 음영만을 발견할 수 있을 뿐.

나는 거울들처럼 불행하나니
그것들은 되비출 줄은 알지만 볼 수는 없도다
그것들처럼 내 눈은 텅 비어 있고 또한 그것들처럼
스스로 실명한 너의 부재에 거주하노니
— 아라공, 「반-노래」, 라캉, 『강좌』 제10권, Seuil, 1973, p.
21에서 재인용.

그러니, TV의, TV를 향한 욕망은 결코 이루어지지 않을 욕망에 대한 강박 놀이이다. 그녀가 채널을 끊임없이 돌리는 것은 그 때문이다. 그녀는 어떤 화면에서도 그녀의 욕망의 실재를 만나지 못한다. 다만 그녀 자신의 욕망을, 아니 욕망에 대한 조바심과 불안을 되풀이할 뿐이다. 욕망은 욕망의 욕망이고 욕망의 욕망은 위기에 시달리는 욕망, 욕망의 불안이다. 그렇다면 TV 시청자는 TV 중독자이면서 TV의 질병 그 자체이다. 언젠가 죽음에 이르고야 말 질병, 혹은 치유를 위해서라면 언젠가 스스로에 대한 근본적인 전복을 꾀하고야 말 질병.
'TV전'을 보고 나오면서 나는 오늘의 TV 프로그램을 점검한다. 나는 아마 죽을 때까지 TV를 볼 것이다. TV는 일상이다. 그 일상이 질병이다. 삶은 원래 죽음에 이르는 병이다. 그 병을 느끼는 사람들은 끊임없이 TV를 만지작거릴 것이다. 우리가 TV에서 때로 깊은 고뇌를 보기도 하는 것은 그 때문일 것이다. 〔1996. 8〕

지독한, 지긋지긋한 그것

통신망에 등록된 「지독한 사랑」의 소개문에는 "사랑은 실제 상황이다"라는 도발적인 경구가 적혀 있다. 사랑은 달콤하지도 온유하지도, 신비하지도 않다는 것이다. 사랑은 공습경보처럼 느닷없이 닥치고, 전쟁중의 도시에서처럼 쉴새없이 두 사람을 융단 폭격한다. 사랑은 한번 빠지면 결코 헤어나지 못하는 검은 늪과도 같고, 시장바닥의 머리카락을 쥐어뜯는 드잡이처럼 지긋지긋하게 되풀이된다.

사랑은 이렇게 지독할 수밖에 없는 것일까? 무엇이 두 사람을, 사랑에 대한 어떤 고정관념과도 무관한 이 악마구리의 늪 속으로 몰아넣은 것일까? 보통 관객인 내 눈에 영화의 근본 주제로 보이는 어떤 배후가 있다. 그것은 흉흉한 바람이 쓰레기를 흩날리고 철근 골조 뒤에서 난투극이 벌어지는 삭막하고 황량한 도시의 풍경, 아니 차라리, 따뜻한 가정적 평안 뒤에 감추어져 있는 도시적 일상의 실제이다. 지독한 사랑은 이 인생의 삭막함과 황량함으로부터의 탈주이다.

그것은 영민(김갑수)이 문득 영희(강수연)를 뒤돌아보았을 때, 찰나적으로 "우리 다시 만날 수 있을까요?"라고 물었을 때 시작되었다. 그 순간 영민은 저도 모르는 채로 세상으로 부터 등 돌려 무작정 달아나기 시작한 것이다. 우리의 나날을 지배하고 있는 계산과 음모와 폭력의 세계로부터 등 돌리기. 그러니, 그 사랑은 조급할 수밖에 없다. 그 사랑은 만나자마자 스타킹부터 벗기는 사랑, 이미 불타버리고 있어서 서양 귀족들의 쿠르트와지 *Courtoisie*거나 동양 선비들의 풍류거나 어떤 점화 장치도, 풍로도, 뜸도 번거로운, 조바심치는 사랑이다.

그 조바심은 결코 시원하게 해갈되지 않는다. 세상은 언제나 그들보다 넓고 그들보다 앞서서 그들이 달아난 지역을 점령하고 있기 때문이다. 그러니, 두 사람이 도피한 바닷가에는 탁 트인 바다가 없다. 사랑의 실패를 예언하듯, 이 허망한 시도의 결말을 지켜보겠다는 듯, 괴기스런 노란 달만이 창문에 결재난 서류의 인장처럼 박혀 있을 뿐이다. 고래 사냥을 가라고, 저 거대한 푸르름 속으로 몸을 던지라고, 바다는 우리를 아스라이 부르지만, 우리는 기껏 바다에 갇혀 있는 것이다. 도피는 결국 세상의 울타리, 도저히 뛰어넘을 수 없는 해자(垓字)인 것이다.

또한 그러니, 조바심은 오직 조바심을 부를 뿐이다. 그 조바심의 극치를 나는 마지막의 아주 긴 베드신에서 본다. 결코 몽환적이지 않은 채로, 허망한 절망이 그토록 오래 몸부림치는 아름다움. 그 아름다움은 내가 이명세 감독을 좋아하는 까닭이기도 하다. 「첫사랑」(1993)에서 영신(김혜수)의 해죽거리는 표정이 놓쳐버린 사랑에 대한 미련의 가장 절제된 표현이었다면, 「지독한 사랑」의 베드신은 세상으로부터의 탈주에 대한 욕망과 절망과 회한과 미련이 하나로 뒤엉켜 오래 법석이는 마음부림의 가장 절제된 표현이다. 〔1996. 7〕

허무로 난 길

보드리야르는 이른바 '포스트모던'한 이론가들 중에서 가장 극단에 서 있다. 그것은 두 가지 의미에서 그러하다. 우선 그것은 그가 가장 급진적인 방식으로 합리성의 세계를 관통하려 한다는 것을 뜻한다. 그는 이성 중심주의의 온갖 양태들로부터 하나의 개념적 본질을 뽑아내고 그것의 허구를 뒤집는다. 그 개념적 본질은 '사용 가치'라는 이름을 가지고 있다.

근대의 시장 경제 사회가 교환 가치에 지배되어 사람들의 관계를 상품과 상품의 관계로 만들고 궁극적으로 인간 소외를 야기한다는 것은 계몽적 지식인들의 중요한 지적에 속한다. 그리고 그 지적 뒤에는 인간이 사물과 본래의 관계로 다시 맺어져야 한다는 뜨거운 호소 혹은 믿음이 깔려 있다. 사람은 직접적 필요에 의해 사물을 취해야 하며, 사물은 그 내재적 본성과 목적을 통해 사람과 만나야 한다는 것이다. 이 사용 가치에 대한 호소는, 따라서, 로빈슨 크루소의 꿈과 같은 것이다. 그것은 본질에 대한 믿음이고 실재에 대한 환상이며 이성에 대한 불변의 사랑이다.

보드리야르는 이 근대적 신앙에 정면으로 도전한다. 그는 사용 가치와 교환 가치가 단순히 대립하는 것이 아니라 공범의 관계에 놓여 있다는 것을 적발한다. 왜냐하면, 상품들의 교환에는 언제나 그 물건의 뛰어난 쓰임새가 명분이 되기 때문이다. 예를 들자면: 한국형 냉장고가 개발되는 이유는 우리의 전통 음식을 옛맛 그대로 먹기 위해서이다. 신형 승용차는 "인간 정신의 존중이 바탕이 된 안전도와 편안함까지" 갖추었다고 선전된다. 자유가 따로 없다는 초콜릿은 스타들의 생을 쪼개어 공유할 수 있다는 환상에 호소함으로써 상품성을 획득한다. 모든 교환은 그것의 실제적이고 상상적인 이익에 뒷받침되고 있으며, 따라서 사용 가치는 결코 교환 가치 밖으로 추방되지 않는다. 오히려 그것은 교환 가치를 더욱 공고하게 해주는 확고한 알리바이로서 작동한다.

이러한 공모는 더 이상 물건들의 사용 혹은 교환이 문제가 아니라는 것을 보여준다. 그 공모를 가능하게 하는 것, 즉 기호들의 교환 체계가 문제가 되는 것이다. 이 기호―교환 가치야말로 근본적이고 전면적이다. 그것은 사용 가치/교환 가치, 본질/현상, 실재/상상의 무수한 이항 대립을 낳으면서 그것들을 통해 세상을 부드럽게 통제하고 엄격히 관리하며 부단히 확장시킨다.

바로 이러한 논리의 사슬을 통해서 보드리야르는 마르크스주의 정치 경제학을 포함하여 근대적 사상 이념의 전체가 공통적으로 근거하고 있는 동일한 지주의 허구를 뒤집는다. 그는 근대성이라는 항아리의 마지막 봉인을 뜯어낸 것이다.

이론의 차원에서 그의 이론이 기존의 정치 경제학에 대한 도전으로 나타났다면, 실천의 차원에서 그것은 소비 사회에 대한 다양하고도 현란한 분석으로 나타난다. 생활 공간을 가득 메우고 있는 실내 장식물들, 끊임없이 변화하는 유행들, 대중 매체, 건축, 영화, 광고, 동물들…… 그리고 섹스. 그의 촉수가 가 닿지 않는 곳은 없다. 이 소비 사회의 만화경 속에서 그는 한결같이 기호의 되풀이되고 변주되는 모사와 복제의 그물망과 순환을 읽어낸다. 그곳에서 더 이상 실재는 없다. 실재의 모사도 이제는 없다. 모사가 모사를 모사하고 모사된 모사를 실재로 만들어버린다. 그 모사의 사슬이 복잡하게 꼬여나간 한 지점에 가령, 압구정동이 있을 수 있다. 그곳은 실제의 거리이긴 하나 실은 기호들이 명멸하는 거리이다. 비디오와 모드와 잡지들이 끊임없는 분해와 조합을 거쳐 사람의 얼굴을 하고 흘러다닌다. 바로 사람의 얼굴을 하고 있다는 것 때문에, 즉 멋진 현실이 거기 있다는 환각적 지시성에 의해서, 그렇게 밀려오고 흘러간다. 모든 경계를 넘쳐나면서. 방배동은 압구정동을 낳고 압구정동은 서교동을 낳고…… 그 동일자 생식의 유구함! 또 다른 지점에는 디즈니랜드도 있다. 그것은 거꾸로 자신이 상상의 조립물일 뿐임을 정직하게 드러내보인다. 그러나, 거기에 함정이 있다. 그것은 미국 전체가 모사물에 불과하다는 것을 효과적으로 은폐하기 때문이다. 압구정동에 분노하는 한국인들의 반응도 사실상 거의 다르지 않다. 그곳을 특별하게 떼내야만 나의 실재의 공간에 대해 안심할 수 있는 것이다. 그러니까, 압구정동은 실제의 거리가 아니다. 그곳은 실재와 가상을 갈라주는 허공의 울타리와도 같은 것이다. 모든 것은 가상이나, 그 가상들의 유희를 끝끝내 지켜주는 것은 실재에 대한 환상이다.

보드리야르 분석의 특징은 이러한 현상을 전면적 진행 과정으로 본다는 것이다. 그는 질서·체계·권력을 궁극적인 단수형으로 말하며, 그 앞에 자주 '완벽한'이라는 형용사를 붙여놓는다. 바로 이것이 보드리야르가 극단에 서 있다는 것의 두번째 의미이다. 이 두번째 극단은 첫번째 극단과 맞물려 있으면서도 역전된 또 하나의 그의 얼굴을 드러낸다. 그 얼굴은 아주 깊숙이 근본성에 포박된 자의 허무 가득한 얼굴이다. 권력에서 권력들을 볼 수 없을 때, 권력들의 아귀다툼이 보이지 않을 때, 또는 체제의 그물 자체가 다스리는 힘과 찢는 힘 사이의 끈덕진 싸움으로 범벅이 되어 있다는 것이 측정되지 않을 때, 분석하는 자의 얼굴은 공허해지고 문득 근본성 자체가 강박관념이 된다. 이러한 추론은 그의 분석 방법론으로 이어진다. 그는 이성 중심의 사회의 본질에 정면으로 진입하고 그것을 뒤집음으로써 그 특유의 이론을 구성하였다. 그 진입을 통해 그가 밝혀낸 것은 본질 혹은 실재에 대한 환상이었다. 그렇다면, 방법론과 대상 사이에는 본질주의의 순환 고리라는 것이 수립된다. 본질주의에 대한 본질주의적 전복.

몇몇 평자들이 그의 구체적 분석이 거칠다고 지적하는 것은 바로 이러한 사정과 무관하지 않다. 실제 그의 분석은 거칠다기보다 일률적이다. 다채롭고 조직적인데, 그러나, 그 기준은 똑같다. 모든 현상을 하나의 본질로 환원시키고 싶어하는 이론적 무의식 때문이다. 분석은 단순하지만, 그러나, 그의 이론이 그로테스크한 활기를 띠는 것은 그의 이념의 운동에서이다. 그 운동은 그가 치명적 대안으로서 내세우고 있는 '상징적 교환' 혹은 '유혹' 자체를 이르는 것이 아니다. 여기서 말하는 이념의 운동은 그의 사유의 궤적을 이른다. 그의 사유는 격렬하고 원심적이다. 그것은 본질로 곧바로 육박하고는 바로 되튕겨나오면서 빠른 속도로 회전하며 바깥쪽으로 더욱 커지는 구멍을 세상에 뚫어버린다. 그 움직임의 앞뒤에 '상징적 교환'과 '유혹'이 있다. 상징적 교환은 본질을 뚫은 최초의 작은 점에 위치하며, 유혹은 갈수록 넓어지는 구멍 그 자체이다. 삶과 죽음의 이분 체계를 뚫는 구멍. 오직 죽음을, 모든 가치의 죽음을 분비하는 색의 구멍. 따라서, 상징적 교환이나 유혹으로부터 대안적 내용을 읽으려 하는 것은 거의 의미가 없다. 그것들은 목표가 아니라 발사된 탄환이다. 그것은 차라리 죽음에 이르는 질병을 얼마나 철저하게 의식적이고 이론적으로 앓을 수 있는가의 끝간데를 드러낸다.

〔1993. 3〕

기관들

컴퓨토피아는 장밋빛인가

윈도우 95를 통해 퍼스널 컴퓨터 운영 체제 시장을 사실상 석권한 마이크로소프트사의 최근 모토는 "사용자의 손끝에 닿기"이다. 아마 이처럼 컴퓨터의 편리함을 실감케 해주는 말도 없을 것이다. 컴퓨터는 언제나 '문명이 선물하는 행복'의 이데올로기를 달고 출현한다. 자유와 풍요, 쌍방향성 *interactivity* 등등 컴퓨터에 수반된 언어들은 밝은 미래의 분홍빛 운무를 쉬임 없이 우리의 감각 기관 속으로 흘려보내고 있다. 컴퓨터 산업의 발전은 컴퓨터를 배우는 데 들이는 시간마저도 마구 줄여주고 있다. 그래픽 유저 인터페이스 *Graphic User Interface*는 컴퓨터 용어를 잘 모르고 타이핑에 익숙지 않은 사람들의 곤란을 마우스와 아이콘으로 해결하였다. 새로운 하드웨어 개념인 플러그 앤 플레이 *Plug & Play*는 주변 기기 사이의 충돌을 컴퓨터가 알아서 막아준다. 이젠 정말 사용자의 손끝까지 컴퓨터의 편리함이 닿을 것이다. 사용자는 아주 간단한 조작법만 익히면 된다.

컴퓨터를 통해서 삶은 빠르고 쉽고 풍요해진다. 그것을 통해 세계는 하나가 되고 동시 다중의 접촉이 가능해지며, 개인의 능동성이 최대 한도로 보장된다. 이 문명이 이대로 계속된다면, 언젠가 인류가 "신과 같이 되"는 날이 올 듯도 싶다.

그러나 정말 문명은 "너희를 자유케 할" 것인가? 별로 의심할 게 없다는 듯이 사람들은 말한다. 그러나 컴퓨터 문명이 현시하는 모든 종류의 자유와 능동성에도 불구하고 결정적으로 사용자에게 금지된 구역이 있다. 바로 그러한 자유와 상호성을 가능케 하는 기반으로서의 컴퓨터 체계들이 그것이다. 하드웨어 규격, 운영 체제, 통신 규약, 프로그래밍 등등이 그 기간 체계들이다. 그 체계들이 현상적으로 사용자에게 접근 불가능한 것은 아니다. 하지만 구조적으로는 거꾸로다.

우선, 컴퓨터 문화 내에서 생산과 수용은 근본적으로 분리되어 있다. 하이퍼텍스트는 문자와 동영상과 소리 등이 한꺼번에 들어 있는 복합 텍스트다. 그것은 보통 문서에 비해 훨씬 감각적이고 쉬운 이해를 가능하게 하는 듯이 보인다. 하지만, 실제의 하이퍼텍스트는 아주 복잡한 언어와 구문에 의해 작성된다. 하이퍼텍스트의 원본에는 이상한 기호들과 문자가 암호문처럼 나열되어 있을 뿐이다. 이 전문가만이 이해할 수 있는 난삽한 원본이 일정한 디코딩 *Decoding* 과정을 거쳐 누구나 쉽게 이해할 수 있는 문서로 재탄생한다. 또 다른 구조적 문제는 바로 그렇기 때문에 사용법이 편리해지면 질수록 그 체계로부터 사용자의 거리는 점점 멀어진다는 것을 뜻한다.

결국, 컴퓨터가 약속하는 자유와 상호성은 원초적인 구속을 은폐하고 있다. 그것들은 향수의 장 내에 국한되어 있을 뿐, 그것들을 가능케 하는 '조건'의 생산 지대로는 사용자들은 거의 접근하지 못하는 것이다. 한데, 그 조건의 생산 지대는 결코 중립 지대가 아니다. 그곳에서 자유와 상호성의 기본 형식이 이미 결정되고 있는 것이다.

컴퓨터 문명이 주는 선물은 선물(膳物)이 아니라 선물(先物)이다. 언젠가는 대가를 치러야만 한다. 그 대가는 기술 문명 체제 속으로의 예속을 말한다. "기술은 거의 자동적으로 그것이 동화시킬 수 없는 모든 것을 제거하려 한다"(자크 엘륄). 요컨대 기술은 모든 것을 자신의 체계 속으로 흡수하고 흡수가 안 되는 것은 없앤다. 하이 테크놀러지인 컴퓨터 문명은 그 원칙을 드디어 완성한다. 세상 전체를 기술 문명 그 자체와 동일화시킬 수 있게 된 것이다.

나는 여기에서 어떤 비관적인 결론을 내리려는 것이 아니다. 현상적으로는 그 체계가 오히려 재래의 문화보다도 더 개방되어 있다고 말할 수 있다. 그 현상적 개방성을 간단히 위장술로 치부해서는 안 된다. 오히려 그것을 적극적으로 활용해야 한다. 다시 말해, 사용자는 조작법을 익히는 것만으로 만족하지 말고 그 체계의 원리에 대한 지식을 쌓고 그것을 성찰해야 한다. 그리고 그 성찰을 나누는 작은 모임들이 활발히 일어나야 한다. 요컨대, 컴퓨터 문명의 인프라 *infra*에 침범하고 개입하는 어려운 일을 사용자는 감행해야만 한다. "원하는 자만이 할 수 있다"는 게 기술의 기본 명제다. 얼핏 보기와 달리 그것은 아주 무서운 말이다. 원하지 않으면 낙오자가 된다는 협박을 품고 있기 때문이다. 그러나 그냥 원하기만 하면, 노리개가 될 뿐이다. 그러니까, 더 원해야 한다. 무엇을? 바로 그 명제 자체를. 다시 말해, 그 명제를 사유할 권리를 원해야 한다. 〔1996. 1〕

하이퍼텍스트가 나무에서 떨어질 때

인터넷 항해를 처음 해보는 사람이 제일 먼저 매료당하는 것은 화면이다. 동작 그림 때문에 그러하기도 하지만 무엇보다도 화면 그 자체, 즉 하이퍼텍스트라는 희한한 물건 때문이다. 얼핏 보아 겉모양은 일반 문서와 다를 게 없다. 하지만 색깔이 다르거나 밑줄이 쳐지는 식으로 표시가 된 곳에 마우스를 옮겨 버튼을 누르면 새로운 문서로 훌쩍 건너뛴다. 거기에서 본래의 문서로 후진할 수도 있고 또 다른 문서로 건너갈 수도 있다. 이렇게 해서 하이퍼텍스트는 여러 개의 문서들 사이를 넘나들게 해준다. 종이 텍스트에서도 다른 텍스트의 존재를 표지할 수는 있지만 바로 그 자리에서 그것을 보여줄 수는 없다. 독자는 서가에 가서 책을 뒤지거나 없으면 서점까지 나가야 한다.

그래서 종이 텍스트는 순차적이지만 하이퍼텍스트는 전방위적이라는 말이 나온다. 하이퍼텍스트 개념의 창시자인 넬슨Nelson은 그것을 "비수열적 글쓰기, 즉 이리저리 가지를 뻗어서 독자에게 선택의 기회를 허용하며, 양방향 화면에서 가장 잘 읽힐 수 있는 텍스트"라고 정의했었다.

하이퍼텍스트는 글 읽기의 태도를 근본적으로 변화시킬지도 모른다. 지금까지 독자는 하나의 텍스트와 마주보고 있었다. 텍스트의 가두리는 꽤 완강해서 읽는 동안만은 글 밖으로 나가기가 무척 힘들다. 그것은 대상과의 직면이라는 형식 안에 독자를 묶어놓는다. 그에 비하면 하이퍼텍스트의 항해자는 대상과 직면한 자라기보다는 대상들 사이를 미끄러지는 자이다. "웹 *Web*은 배관공들의 식민지"라는 말이 있듯이 하나의 텍스트의 의미를 파악하는 데 애쓰기보다는 배관공들이 연결해놓은 여러 텍스트들 사이의 관계의 풍경을 즐기고 싶어진다.

한데, 항해자는 배관공들의 다정한 동반자일까? 아니면 피식민자의 우울한 이웃일까?

가령, 이런 일이 있다. 하이퍼텍스트를 읽다 보면 문장이 잘못된 경우를 종종 만난다. 심지어, 내용이 완전히 뒤바뀌는 경우도 있다. "판사는 김갑두씨에게 사형을, 이을준씨에게 무죄를 선고했다"라는 문장이 "판사는 김갑두씨에게 무죄를 선고했다"가 될 수도 있다는 것이다. 종이 텍스트에서도 이런 오류의 가능성은 상존한다. 그러나, 양태가 다르다. 종이 텍스트에서 그것은 내용의 일부분이 교정자의 실수로 누락되어서 일어난다. 하이퍼텍스트에서는 그게 아니다. 하

이퍼텍스트의 원본에는 바른 내용이 제대로 다 들어 있는데
도 화면에는 잘못된 내용이 출력되는 것이다.

그 원인은 논리 기호의 사소한 실수에 있다. 가령, 큰따옴
표(" ")는, 하이퍼텍스트에서, 접속되는 바깥 텍스트를 묶어
표시하는 데 쓰이는 논리 기호이다. 그런데 작성자가 닫는
따옴표를 깜박 잊고 넣지 않으면 다음 따옴표가 나올 때까지
의 모든 내용이 사라지고 그 다음부터는 접속 텍스트 이름이
글 내용으로 들어가는 반면, 글 내용은 거꾸로 접속 텍스트
의 이름이 되는 어처구니가 웃을 사태가 일어난다.

더 묘한 문제가 있다. 종이 텍스트의 독자는 뭐가 잘못되
었는지를 금방 알아차릴 수 있지만, 하이퍼텍스트 여행자는
그저 어리둥절하거나 아예 속아넘어갈 수밖에 없다는 것이
다. 하이퍼텍스트는 원본과 화면이 달라서 논리 기호는 화면
에 나타나지 않기 때문이다. 다시 말하면, 하이퍼텍스트에서
는, 더 나아가 컴퓨터 문화 일반에서는 배후와 하수인이 따
로 있는 것이고, 문화 수용자는 언제나 하수인들만 접촉할
뿐인 것이다. 슈퍼 마리오는 보이지 않고 용감한 형제가 구
출한 공주만 만나는 건 기쁜 일인가, 슬픈 일인가?

이러구러, 내가 최근에 그런 오류를 발견한 텍스트는 하이
퍼텍스트와 롤랑 바르트의 "다시 쓸 수 있는 scriptible 텍스
트"를 같은 천칭 위에 올려놓고 예찬하고 있는 랜도 G. P.
Landow의 『하이퍼 텍스트, 현대 비판 이론과 기술의 만남』

의 인터넷 버전이었으니, 아이러니컬한 일이 아니라고 할 수 없다. 저자는 그 텍스트를 실제로 다시 써보도록 독자를 유인하느라고 고의로 실수한 것일까? 확인하고 싶은 독자께서는 http://calliope.jhu.edu/press/books/landow/Contents.html 로 직접 접속해보시기를 권하거니와, 다음 글에서 나는 랜도 씨의 주장이 그럴듯한지 따져볼 참이다.[1]   [1996. 9]

---

1) 최근에 다시 접속해보니, 이 텍스트는 http://www.stg.brown.edu/projects/hypertext/landow/ht/contents.html로 주소를 옮겼으며, 오류가 수정되었다. 그러니, 그 오류에 특별한 의도는 없었던 모양인데, 저자의 다른 텍스트(http://www.stg.brown.edu/projects/hypertext/landow/cv/Books/autobio.html)에서도 똑같은 오류가 발견되었다. 아마 버릇인 모양이다.

텍스트에 관한 아주 다른 생각들

단락 머리마다 인용문이 있는 소설이 있다. 복거일의 『비명을 찾아서』나 이인성의 『미쳐버리고 싶은, 미쳐지지 않는』이 그런 경우다. 보통 독자는 본문만을 읽는다. 그때 머리 인용은 본문에 대한 부가적인 장식, 센스 있는 요약으로 여겨진다. 그러나 머리글은 본문에 대한 생각의 발생기이지 본문의 엑기스를 짜내는 녹즙기가 아니다. 좀더 창의적인 독자는 머리글과 본문 사이의 간극을 비집고 들어가 전혀 다른 또하나의 작품을 꿈꾼다. 『미쳐버리고 싶은, 미쳐지지 않는』의 첫 단락의 머리 인용은 이성복의 시 「어째서 이런 일이 벌어졌을까」이다. 창의적인 독자는 광기의 변비증을 앓는 소설과 경악에 사로잡힌 시 사이에서 시소 놀이를 하다가 운명에 관한 어떤 수필을 궁리한다. 그는 '벼락 광기의 건강성에 대하여'라고 제목을 적는다.

소설의 조바심은 흩어져 날아가고 그 빈자리에 발바닥을 간질이는 웃음이 새어들어올 듯한 예감에 그는 슬그머니 즐겁다. 하긴 미칠 수 있다는 것은 얼마나 즐거운 일인가? 미치지 못해서 안달하는 것도 실은 미침에 미친 게 아닌가? 그러니 미치지 못하는 것도 얼마나 즐거운 일인가?

롤랑 바르트의 '쓸 수 있는 텍스트 *texte scriptible*'란 실상 이런 창의적인 독자를 위한 독서학(옛날의 용어를 그냥 사용하자면)이다. 창의적인 독자는 작품의 수용자, 작품이 품은 어떤 의미의 수탁자가 아니라 생산자, 새로운 의미를 덧붙이는 제작자이다. 그는 한 작품을 생산하는 데 그치지 않는다. 더 나아가, 텍스트를 잘게 썰어서 그것들 각각의, 혹은 상호 간의 자유로운 탐험을 시작한다. 어느 가수처럼 그도 멈추지 않는다. "이 이상적인 텍스트에서는 아주 다양한 연결망이 존재하면서 상호 작용한다. 그곳에서는 어떤 것도 다른 것을 다스리지 않는다. 이 텍스트는 시니피에의 구조가 아니라 시니피앙들의 성좌이다. 그것에는 시작도 없으며, 언제나 되돌아갈 수 있다. 이 텍스트는 아주 여러 개의 입구를 통해 들어갈 수 있는데, 그 어떤 입구도 결정적이지 않다."

하이퍼텍스트의 예찬자 랜도 씨가 인용하고 있는 구절이 바로 이것이다. 하이퍼텍스트도 이처럼 다양한 교통망을 통해 무한 탐험과 변형을 가능케 한다. 하이퍼텍스트들에서는 모두가 작가이고 어떤 텍스트도 다른 텍스트를 지배하지 않는다.

그러나, 뭔가 찜찜하다. 바르트는 교통망의 확산뿐만이 아니라 소통의 파괴, 소통의 끝없는 소멸을 동시에 말하고 있지 않은가? "코드들은 '관점을 잃어버리게끔 하면서' 늘어난다. 그것들은 확정 불능이다."

실로 여기에 랜도 씨의 결정적인 오해가 있다. 그가 바르트의 '쓸 수 있는 텍스트'에서 끌어내는 것은 복합 연결과 민주성(작가/독자 구분의 폐기) 두 개뿐이다. 물론 맞는 얘기다. 그러나, 바르트의 복합 연결은 연결망을 부식시키고 그의 민주성은 시민 사회의 민주주의적 원칙을 교란한다.

우선, 속도의 문제. 바르트는 '쓸 수 있는 텍스트'를 '느림'이라고 정의하였다. 한걸음 한걸음 발놀리기. 그 느리디느린 걸음에는 의사 소통 체계에 대한 계속적인 의혹과 위반의 욕망이 개입되어 있다. 더 나아가 그것은 문명 사회의 가속적 속도에 대한 능청스런 저항이다. 그러나, 하이퍼텍스트는 얼마나 빠른가? 모니터를 좇는 사람의 눈이 충혈되는 것은 화면에서 열이 발생하기 때문이 아니라 정보 수집에 혈안이 되어 있기 때문이다.

다음, 당연히 불확정성의 문제. 바르트의 텍스트들은 서로 배반하고 이탈하는 아주 사이 나쁜 텍스트들이다. 그것들은 절대로 일사불란하지 않다. 그것들은 '자잘한 대혼란'을 야기시키고 그래서 텍스트들의 성좌에 빅뱅의 불씨를 끊임없이 떨군다. 그러니, 텍스트는 다른 텍스트의 징검돌이 아니라 함정이다. 하이퍼텍스트는 텍스트 사이를 건너뛸 뿐이다.

거기에는 연접의 놀이는 있으나 위반의 놀이는 없다. 설혹 그 텍스트가 청색 리본을 달았다고 해도 말이다.

마지막으로, 주체의 문제. 앞에서 창의적인 독자라 했지만, 그는 결코 천재가 아니다. 그는 이미 작가의 주체성을 파괴했다. 당연히 그도 주체를 고집하는 한, 그런 무한한 언어유희를 할 수 없다는 것을 알고 있다. 그는 "표지할 수 없다." 그는 아주 다양한 언어들이 깃들이는 자리일 뿐이다. 그러나 우리는 인터넷의 도처에서 "이 텍스트는 임의로 발췌하거나 변조해서 유통할 수 없습니다"라는 문구를 본다. 하이퍼텍스트들은 저마다 확고하다. 텍스트의 생산자도 그만큼 개성이 뚜렷하다. 인터넷에서 우리는 모두가 자유롭고 해방된 주체라는 환상 특급을 달리고 있다. 그것은 민주주의 사회의 개인 신화를 극단적으로 강화한다.

그러니까, 텍스트에 관한 아주 다른 두 개의 개념이 있는 것이다. 아니 차라리 두 개의 다른 텍스트가 있는 것이다. 하나의 텍스트는 빠르고 분명하고 당당하다. 다른 텍스트는 느리고 물컹물컹하며 도둑과 같다. 이 둘이 둘이되 하나라고 요즘 사람들은 생각하는 듯하다. 하긴, 주인과 도둑이 하나되는 세상, 그것이야말로 유토피아 아닌가?   〔1996. 9〕

128

How PC 속의 Why PC

1970년대에 조영남이 부른 「불꺼진 창」이라는 노래를 기억하시는지……

첫 소절은 이렇게 시작된다. "지금 나는 우울해/왜냐고 묻지 말아요." 왜냐고 묻지 않아도 듣는 이는 다 알고 있기 때문이다. 우리도 다 한 번씩은 경험해본 적이 있는 터, 불 꺼진 창 앞에 서 있는 한 남자가 우울한 이유야 불 밝힌 창을 들여다보는 것과도 같다. 묻지 말라는 요청을 그러니 액면 그대로 이해할 것이 아니다. 왜냐고 묻는 아둔한 짓일랑 그만두고 내 쓰라린 마음을 함께 나누어달라는 뜻을 그것은 담고 있는 것이다.

한데, 이 노래는 금지곡이 되었다. 당시의 정권은 상상력이 꽤나 풍부했다. 그의 천방지축 상상 속에서 불 꺼진 창은 연인이 부재하는 빈방의 창으로부터 소등된 가막소의 창으로, 더 나아가 정치적 압제에 의해 입이 봉쇄된 언론의 은유로 비약해나갔다. 정권은, 그의 몽상 속에서 이 노래는 '불

온해야겠다'고 결심했고, 그래서 현실로 하산하자마자 금지 처분의 칼날을 휘둘렀다. 그리하여 「불꺼진 창」이라는 제목을 가진 노래는 그 자신 물벼락맞은 노래가 되고 말았는데, 그래도 그 마음의 불을 못 잊는 사람들에 의해서 그 불씨가 어둠 속에서 입에서 입으로 전해져 오늘까지 나처럼 음치인 사람도 흥얼거리는 아름다운 노래로 남게 되었다

컴퓨터에 대해 말할 이 자리에서 웬 노래 타령인가? 생각해보면 컴퓨터 세계야말로 창의 은유에 가장 적합한 곳이기 때문이다. 오늘날 컴퓨터를 단순한 가전 제품이거나 워드 프로세서로 여기는 사람은 없을 것이다. 세계 컴퓨터 시장을 장악한 운영 체제의 이름이 그대로 가리키듯이, 컴퓨터는 무엇보다도 세계로 열린 창인 것이다. 어떤 세계로 열린 창인가? 우선, 미지의 세계. 컴퓨터를 통해서 우리는 수세기의 역사가 한결같이 제공하였던 것과는 전혀 다른 형식의 삶을 체험한다. 가령, 우리가 쓴 글이 아주 작은 기억 단위들의 조합으로 압축되어 사라졌다가 키보드만 누르면 원래 그대로의 모습으로 마술처럼 나타난다. 예전 같으면 이런 변신은 돌원숭이 손오공이나 부릴 수 있는 재주다. 그런데, 옛사람의 상상 속에서 돌원숭이였던 것은 실제 쇠원숭이였던 모양이다. 그것은 쇠의 특성에 걸맞게 대량 생산되어 화이트 크리스마스의 백설처럼 문명 세계의 개인들에게 가득히 흩뿌려져서, 뭐든 압축하고 복제하고 합성하는 장관을 연출한다.

다음, 무한 교류의 세계. 컴퓨터라는 창은 바다라든가 호수라든가 어느 특별한 한 장소에 면해 있지 않다. 창 안으로는, 한때 유행했던 3차원 게임 둠Doom에서 볼 수 있는 것처럼, 끊임없이 분기해나가는 방들이 미궁처럼 얽혀 있고, 창밖으로는 몇몇 사람들의 얼굴이 있는 것이 아니라 내시경과 흡사하게 길다란 꼬리를 단 수없이 많은 눈들이 가득히 몰려들어 창 안의 정보를 빨아들이고 있다. 그 눈들의 수는 원칙적인 차원에서 제한이 없다. 다시 말해 컴퓨터의 창을 통하는 만남은 개념적으로 무한하다. 마지막으로, 양방향성의 세계. 이 창은 턱이 없다는 특징을 가지고 있다. 그 창은 한쪽에서는 보고 다른 쪽에서는 보이는 일방적인 창이 아니다. 그 창을 사이에 둔 존재들은 동시에 보고 보이며 읽고 읽힌다. 그러니, 창은 컴퓨터의 은유일 뿐만 아니라, 컴퓨터에 의해서 스스로 변모하는 동작 은유이다. 컴퓨터, 그것은 바다로 열린 창이 아니라, 세계로 열린 창이다. 그것은 따라서 종래의 창이 아니다. 그것은 창의 개념 자체를 확대시킨다.

이 창은 환한 밝음 그 자체이다. 세계란 곧 전체다. 전체가 열렸으니, 어느 곳에도 어둠은 없다. 간혹 정전이 일어날 때를 제외한다면, 어느 곳에도 불 꺼진 창은 없다. 우울해할 일도 없다. 이 신기한 창 앞에서 우리는 모두 홀린 표정을 띠고 서 있다. 이 집단적 매혹은 세계적으로도 보기가 드물다. 컴퓨터가 시민 개개인에게 이렇게 압도적인 관심의 대상이 되고, 일간 신문이 앞다투어 인터넷 항해로 독자들을 초대하는 나라는 그리 많지 않다. 그러나, 이 유혹된 표정의 한국인의 얼굴 위로 은은히 어떤 공포가 배어 있는 것을 우리는 또한 보고, 또 실제로 느끼고 있다. 출판평론가의 직함을 달았기 때문에 전자 매체의 발달에 민감할 수밖에 없는 이중한 선생은 최근 『허풍떠는 인터넷』이라는 책을 독자에게 추천하면서 이렇게 쓰고 있다. "인터넷을 비롯, 컴퓨터 통신망으로 연결된 새로운 세계에 대해, 대부분의 사람들은 지금 두려움·소외감·박탈감 같은 것을 느끼고 있다. 비판적 시각으로 보자면 일종의 과장된 포장으로 보다 상업적 의도에서 진전되고 있는 측면이 크다"(『출판저널』200호, 1996. 10. 5).

그렇다. 학교마다 홈페이지를 개설하라는 지상 명령을 날마다 전송하고 있는 일간지의 공략 대상 중의 하나임에 틀림없는 고등학교 기술 선생이 내게 조심스럽게 묻는다. "인터넷, 정말 쉬운 거야?" 나는 뚱하게 쳐다보다가 대답한다. "일단 설치만 하면 쉬워. 윈도우 3.1에서라면 윈속을 깔고 환경 설정에서 아이피 어드레스 및 기타 옵션을 이러저러하게 설정한 후, 다음 넷스케이프를 설치하고, 그 다음은, 먼저 윈속 프로그램을 띄우고, 가령 하이텔에서, 네가 계정 서비스에 가입하지 않았다면, 통신망에 접속해서 'GO INTERNET'한 후, '윈속 접속 메뉴'로 들어가서 메시지가 뜨면 'ESC'를 누른 후에 넷스케이프를 실행하면 될 테고, 네가 계정 서비스 가입자라면……, 에 또, 윈도우즈 95에서라면……" 내 말이 채 끝나기도 전에 기술 선생도 뚱한 표정을 짓고 있다가 한마디 한다. "뭐가 그렇게 복잡해?"

그러니, 이 확 트인 창에 뭔가 보이지 않는 장벽이 있다. 사람들은 창 앞으로 다가갈 때마다 이 투명한 벽에 부딪힌다. 게다가 이 벽은 하나를 제거하면 또 다른 벽이 가로막는 여러 겹으로 이루어진 벽이다. 컴퓨터 세계에서의 우리는 모두 마르셀 에메 Marcel Aymé의 소설에 나오는 '벽을 뚫는 사람'들이다. 그러나 에메의 주인공처럼 벽 속에 영원히 갇혀버리지 않으려면 벽 뚫기 기술을 완벽히 습득해야만 한다. 그래서 사용법이 판을 친다. 새로운 문명의 세계에 들어가는 법을 재래의 문화 방식으로 가르쳐주는 서점의 컴퓨터 서적 코너에는 별의별 사용법 지침서들로 가득 차 있다. 통신망 내에서도 온갖 'Q&A'가 범람한다. 컴퓨터 세상의 곳곳에서 우리는 '어떻게'를 연발한다. 『피터 팬』속의 인디언들처럼 우리는 '하우'를 외치며 경중거린다.

그러나, 이 '어떻게'는 끝이 없다. 끊임없이 신기술 제품이 나타난다. 그때마다 사용법을 다시 익혀야 한다. 똑같은 용도로 쓰이는 제품들이 저마다 키 정의가 다르고 메뉴 전개 방식이 다르며, 결정적으로 제품의 포맷이 달라서, 호환시키려면 여간 애를 먹지 않는다. 궁극적인 벽 뚫기 기술은 없다. 벽은 시나브로 두꺼워져가고 있기 때문이다. 우리는 매순간

벽에 갇혀버릴지도 모르는 위기에서 아슬아슬하게 산다.

그러니, 이 컴퓨터라는 턱 없는 창을 넘어가고 있는 우리의 몸 속으로 기분 나쁜 공포의 전율이 훑고 지나가는 것이다. 불 꺼진 창 앞에서 우울했었던 우리는 이제 불 밝은 창 안에서 두렵고 찜찜하다. 우리가 문득 정신을 차렸을 때는 이미, '어떻게'의 미궁, 시작도 끝도 없이 얽히고설킨 미로의 한복판에 갇혀버렸다는 것을 깨달을 뿐이다.

이 미궁을 빠져나갈 길은 없는 것인가? 미궁의 투시도, 미궁의 조감도를 그릴 수 있다면, 가능할 수 있을 것이다. 그런데, 그것은 '어떻게'라는 물음으로는 대답되지 않는다. '어떻게'는 우리가 묻는 것이 아니다. 우리가 호명하지 않아도 '어떻게'는 쉼 없이 우리에게 다가와 대가를 지불하라고 강요한다. 우리가 '어떻게'를 묻고 답하는 것이 아니라 '어떻게'가 우리를 당겼다 밀었다 한다. 어떻게는 어떻게를 낳을 뿐이니, 어떻게의 어느 지점에서도 출구는 열리지 않는다.

논리 철학자들이 증명해보였듯이, 한 명제의 진위는 그 자체 안에서는 판별되지 않는다. 오직, 그보다 한 단계 높은 범주의 진술을 통해서만 판별된다. 마찬가지로, '어떻게'의 미궁의 투시도는 '어떻게'라는 붓으로는 그릴 수 없고 다른 방식의 질문을 통해서만 그릴 수 있다. 그 다른 방식, 그것은 바로 '왜'라고 나는 쓴다. 왜 그렇게 사용법들은 천차만별인지, 왜 규격들은 하나로 일치하지 않으며, 승리한 규격과 패배한 규격은 왜 그렇게 되었는지, 좀더 구체적으로, 왜 한글 윈도 95에서는 유럽어 문자들을 읽을 수 없으며, 왜 '아래아 한글'과 '한메 한글 포 윈도우'와 '이야기 7.3'은 한영 변환키를 똑같이 지정하고 있어서 충돌을 일으켜야만 하는지, 우리는 끊임없이 묻고 그 답을 요구해야 한다. 누구에게? 바로, '어떻게'라는 숙제를 우리에게 강요하는 컴퓨터 세계의 관리자들에게. 또한 우리 자신에게도 그 '왜'를 물어야 한다. 학회의 출판 담당자는 왜 특정한 포맷의 워드 프로세서로 작성된 파일만을 요구하는지, 당신은 오직 편리한 문서 작성 도구를 필요로 했으면서도, 왜 '르모'(혹은 '젬 워드')를 버리고 펜티엄 컴퓨터를 구입할 수밖에 없었는지를, 궁극적으로, 우리 자신의 무지와 두려움은 왜 생겨나게 되었는지, 컴퓨터 세상에서의 인간의 존재론은 무엇인지를 물어야 한다.

'어떻게'는 불가피한 물음이다. 컴퓨터가 일상의 한복판에 빠른 속도로 진입하고 있는 오늘, 그 물음으로부터 해방될 길은 없다. 그러나, 이 끝없는 '어떻게'들의 사슬 속에서 새벽 강의 청둥오리처럼 솟아오르는 '왜'라는 물음이 없다면 그 모든 어떻게들은 우리를 친친 동여감는 무서운 구렁이로 변한다. 어떻게가 일용할 양식이라면, 왜는 밥 한 톨의 뜻이다. 우리는 먹지 않으면 살 수가 없다. 그러나, 왜 먹는가를 묻지 않으면, 조약돌을 보고 구토를 일으켰던 로캉탱처럼 우리의 삶은 잉여이고 무의미일 뿐이다. 그러니, 왜냐고 물어

야 한다. 묻지 않을 수 없다. 나는 1970년대 가수의 노래를,
가사를 바꿔 흥얼거린다.   〔1996. 10〕

컴퓨터에는 낭만이 없다?

 기왕 노래로 시작하였으니, 한 곡조 더. 세상에 나온 지야 얼마 안 되었지만 그 역시 낡기로는 「불꺼진 창」(지난 호의 화두였던) 못지않은 「낭만에 대하여」에 대하여.

 이 노래가 유행하게 된 까닭을 모르는 분은 아마도 없으리라. 김수현씨가 각본을 쓴 주말 연속극 「목욕탕집 남자들」에서 가장 봉수씨(장용 扮)가 어느 날 테이프에 그걸 담아와 몰래 듣다가 할아버지(이순재 扮)에게 들킨 날부터 방방곡곡으로 퍼져나갔던 노래니 말이다.

 그런데 왜 이 노랠 낡았다고 하는가? 가수가 늙어서도 아니고, 「타타타」처럼 출시된 지가 오래돼서도 아니다. 한번도 들어본 적이 없는 노랫말이니 가사가 낡은 것도 아니다. 노래의 존재태, 다시 말해 낭만을 노래한다는 사실 자체가 낡음의 구도, 낡음이라는 풍경 속에 스스로를 위치시키기 때문이다. 연출자의 재치에 의해서였는지 작가의 예민한 감수성이 작용했는지는 알 수 없지만 봉수씨가 그 노래를 틀었던 녹음기가 오디오 박물관의 시렁에 얹힐 만한 구식 녹음기라는 걸 상기해보라. 낭만이란 그렇게 구식으로 표현되어야 어울리는 법이다. 낭만이란 '그야말로 옛날식'인 것이다.

학문적인 풀이에 의하면 낭만의 정의는 현실과의 불화이며(골드만), 그것의 일반적 양태는 회억(回憶)이다. 낭만주의자는 미래를 몰라 빈번히 과거로 향한다. 때로 『레 미제라블』로 유명한 빅토르 위고의 그로테스크한 시에서처럼 낭만은 미지의 세상으로부터 힘을 얻기도 하지만 그 미지의 세상은 미래에 있다기보다는 지하에 있다. 혹은, 청춘남녀의 낭만적 사랑처럼 때로 낭만은 풋과일의 싱싱함을 풍기기도 하지만 그 싱싱함은 곧 사라져버리고 말리라는 예감 때문에 안타깝고 그래서 그들의 사랑은 어느새 비련으로 바뀐다. 이처럼, 낭만은 지나간 것들, 사라지는 도중에 있는 것들, 쓸쓸한 낙조, 낡은 물레방아집, 태양의 도래를 막으려고 안간힘을 쓰다가 결국 철수하고야 마는 아침의 물안개에서 피어오른다.

물론 낭만주의자도 과거에 살지 않고 현재 안에서 산다. 지금, 여기, 모든 것이 빠른 속도로 움직이고 생활이 빚는 갖가지 소음으로 시끌벅적한 일상의 한복판에 그는 분명 서 있다. 그런데도 낭만주의자의 실존은 현재 안에 없다. 기억을 더듬어보시라. 보일러 사업이 직업인 봉수씨가 일하는 장면이 나온 적이 있었던가를. 기껏해야 직원 하나 없는 휑한 사무실에서 혼자 자장면을 시켜 먹는 장면만이 나왔을 뿐이다

(자장면 또한 얼마나 낡은 것인가?). 그러니까 그에게는 생활이 부재하는 것이다. 온몸에 짜릿하게 울려야 할 생의 박동이 그에게서는 터덜터덜 김빠진 소리만을 내는 것이다. 봉수씨와 달리, 첫째딸 은경의 차가운 실리주의는 얼마나 깔끔하게 비치는 것이며, 막내딸 수경의 천방지축은 얼마나 귀엽고 생기발랄한가? 그것은 그녀들이 생활을 장악하고 있기 때문이다. 봉수씨가 후줄근하고 곰팡이 슨 감자처럼 보이는 것은 그가 생활에서 밀려난 사람이기 때문이다. 가장은 시방 낙오된 자이다. 늙었어도 목청만 카랑카랑한 부친과 젊은 만큼 요란법석인 딸들에게 치일 대로 치여 가장은 슬그머니 방안에 숨어서, 남이 들을세라 조용조용히 「낭만에 대하여」를 듣는다. 지나간 옛 시절을 그리워하며. 한때 그에게도 까마득한 세상이 열리고 마음 깊은 곳으로부터 수탉의 외침을 터뜨렸던 시절이 정말 있기나 있었는지 희미해진 기억 속을 쓸쓸한 멜랑콜리로 적셔가면서.

없는 것이 없고 못 할 일이 없다고 하는 컴퓨터 세상에서 유일하게 없는 것이라면 아마도 이 낭만이란 이름의 시큼털털한 물건일 것이다. 컴퓨터 세상은 언제나 앞서나가는 것이기 때문이다. 앞서나가는 자의, 앞선 세상을 위한, 앞선 기술에 의한 약진만이 있을 뿐 후퇴는 그의 사전에 없기 때문이다. 그러니, 거기에 환상의 그래픽은 있을지 몰라도 낭만의 풍경화는 없다. 거기에 가상 현실의 신비는 있어도 파묻힌 과거를 그리는 낭만적 추억은 없다. 인터넷 항해를 마치고 돌아온 초보 수부는 "정말 환상적인 여행이었다"고 말하지, 낭만적인 여행이었다고 말하지는 않는다. 전설 속의 브리타니아 왕국을 향해 모험을 떠나는 컴퓨터 게임에서도 몽환적인 분위기와 비밀의 봉인을 떼어내는 희열은 있으나 실패한 자들이 함께 모여 나누는 쓸쓸하고도 따뜻한 이야기들은 없다. 무궁무진한 쌍방향성의 시험 무대가 되고 있는 머드 게임에선 어떤가? 목표는 최고수에 이르는 것이고 방법은 오로지 끊임없이 능력 수치를 높이는 일이다. 그 내기에서 실패하면 그저 깨끗이 포기하거나 처음부터 다시 시도를 해야 한다. 몰락을 위해 마련된 자리, 낡은 것들이 낡은 모습 그대로 머무를 자리는 어디를 둘러보아도 없다.

요컨대 컴퓨터 세상에는 하강 곡선이 없는 것이다. 항상 오르고 오를 뿐, 더 이상 오를 나무가 없으면 거듭 인공 가지를 붙여가면서, 계속 오르고 오를 뿐인 것이다.

낭만은, 그러니, 컴퓨터 세상 바깥에나 있어 보인다. 지금 낭만을 읊조릴 사람은 컴퓨터와 영어가 몸에 설어서 마음이 폭폭한 4, 50대, 봉수씨와 비슷한 연배의 직장인들뿐이다. 새삼 느끼는 바, 「목욕탕집 남자들」의 작가의 직관이 놀랍기만 하다. 타이쿤처럼 들이닥친 정보 산업이 삶의 중심으로 깊숙이 침범해 있는 오늘, 가장 당황해하는 사람들은 바로 생활의 절정에 들어선 4, 50대라는 것을 그는 누구보다 예리하게 간파했던 것이다. 고생고생하면서 집안을 일구어놓았더니, 어느새 그들 앞에는 듣도 보도 못했고 전혀 예측도 못했던 낯선 세상이 갑자기 펼쳐져 있는 것이다. 그들이 만든 세상은 도대체 어디로 가버렸는가? 그들은 무엇을 즐기며 노후를 보내야 할 것인가? 허망해지지 않을 수 없고, 낭만을 찾아 헤매지 않을 수 없다. 헤매어봤자 구석구석을 새 세상이 점령하고 있어서 어디에서도 낭만을 찾을 수 없으니, 그저 노래로 마음을 달랠 수밖에 없다.

인생에서 패배가 꼭 필요한 게 아니듯, 낭만이 꼭 필요할 까닭은 없다. 그러나, 정보화 사회에서라고 만인의 행복이 보장되는 법이 아니라면 낭만은, 다시 말해, 현실과의 불화는 불가피하게 싹튼다. 게다가 이 사회는 선전되는 것과는 달리 얼마나 무서운 경쟁 사회인가? 현 정부의 구호는 '공업은 뒤졌지만 정보화는 앞서자'는 것이다. 정보 경쟁에서 지면 살아남기 어렵다는 말들이 회사마다 봉기를 촉구하는 격문처럼 걸려 있다. 그뿐인가? 일간지들은 한국의 전인구를 정보 사냥터로 내몰고 있다. 보기와는 달리 정보화 사회는 냉혹한 약육강식의 법칙이 전면적으로 전개되는 장소이다. 낭만 따위는 제쳐두어야 한다. 그러지 않으면 정말 낭만주의자가 된다. 다시 말해, 패배주의자, 허무주의자가 된다.

그러나, 컴퓨터에도 낭만이 물씬 밴 시절이 있었다는 소리를 나는 또렷이 들은 적이 있다. 언젠가 프로그래머인 신모

씨가 내게 들려준 얘기에 따르면 청계천 세운상가 시절, 라면에 밥말아 먹으며(가난한 연극인들처럼!) 어렵게 입수한 도판을 보며 기판의 복잡한 연결선들을 하나하나 붙여나가고 외국산 소프트웨어의 바이너리 *binary* 정보를 뭉텅뭉텅 덤프 *dump* 해가면서 알고리즘을 풀어내던 시절, 사람들은 가난했지만 새로운 세계를 개척한다는 탐험가의 정열로 충만해 있었다고 한다.

이 개척자의 정열을 두고 신씨는 낭만이라고 불렀다. 개척자는 미래를 향해 있지 과거를 향해 있지 않다. 그렇다면 그것이 낭만인가? 그렇다. 개척자의 미래는 통상적인 뜻에서의 미래가 아니다. 다시 말해, 현재 다음에 오는 것, 현재의 연장이고 현재의 발전으로서의 시간대가 아니다. 그가 여는 세상은 전혀 딴세상이다. 오늘의 현실과 불화한 사람들만이 전혀 딴 세상을 열 수가 있다. 그런 의미에서 개척자의 정열은 낭만적 정열이다. 낭만의 일반적 양태는 과거를 향해 있지만 그 과거도 현재 이전에 놓인 시간대라는 뜻이 아니라, 현재의 더러움에 오염되지 않은 시절이라는 의미이다. 그때 낭만은 순수와 동의어이다.

그것이 현재 뒤에 있든, 바깥에 있든, 낭만은 순수에 대한 회원을 동반한다. 패배한 낭만주의자는 생활의 온갖 이기적 욕망으로부터도 밀려나 있다. 그러나, 자발적 낭만주의자는 그 욕망들로부터 해방되어 있다. 완전히 해방될 수야 없겠지만 그것들을 무시할 줄을 안다. 그는 자신을 위해 일하지 않고 일을 위해 자신을 바친다. 세운상가 시절의 개척자들은 스스로 그것을 의식했던 안 했든 바로 자신을 위해서가 아니라 컴퓨터를 위해서 정열을 바쳤다고 할 수 있다. 지금은 그런 정열이 있는가? 컴퓨터가 소수의 호기심의 대상으로부터 만인의 필수품으로 바뀌고, 컴퓨터 기술의 소유가 곧바로 돈으로 환산되고, 제품 경쟁에서 뒤지면 벼랑으로 내몰리고 마는 지금, 저 옛날처럼 일 자체를 위해, 순수 노동 가치에 정열을 바칠 겨를이 있는가? 가난한 연극인들도 살아남기 위해 마구 옷을 벗어부치는 지금, 잘 나가는 컴퓨터에 낭만이 끼여들 여지가 있는가?

없다, 라고 결론을 내리려다가, 나는 깜짝 놀라 멈춘다. 『How PC』지난 호의 「편집자 노트」에서 이런 구절을 읽었기 때문이다. "한국을 대표하는 소프트웨어 업체인 한글과컴퓨터의 이찬진 사장은 지금 전셋집에서 살고 있고 한국에 인터넷 열풍을 몰고 온 아이네트 기술의 허진호 사장은 내년쯤 '제로 수지'를 맞추는 것이 최대 목표란다"(「부의 흐름이 바뀐다」, p. 131). 한국 사회를 정보화 사회로 이끌고 가는 데 결정적인 기초를 제공했던 주역들이 자신들의 생활 경제에서는 결코 앞서가지 못하고 있는 것이다. 그들의 의지가 무엇이든 그들은 여전히 세운상가의 후예로 남아, 빵을 꿈으로 대신하며 고군분투하고 있는 것이다. 도대체 어찌 된 일인가?

　혹시, 그것은 일하는 자가 아니라 투기하는 자가 부자가 되는 한국의 천민자본주의적 풍토에서 기인하는 것이 아닐까? 또는, 시민들이 모두 편리하게 정보 문화를 이용할 수 있는 사회적인 기반을 전혀 마련해놓지 않고 있다가 민간 수공업자들이 일구어놓은 터전에 슬그머니 끼여들어 통제권을 행사하고 부를 독식하는 권력들과 대기업의 얄팍한 처사에 문제가 있는 것이 아닐까?

　경제에 밝지 못한 나는 알 수가 없다. 그러나 만일 내 짐작에도 일말의 일리가 있다면, 컴퓨터 세계 자체 내에 정말 낭만이 필요하다고 하지 않을 수 없다. 낡고 고질이 된 풍토를 갈아엎을 혁명적인 낭만이.　　　　　　　　〔1996. 12〕

나는 '그날'을 부르고 싶었다

"노래 세 발 장전"이라고 했으니, 마지막으로 노래 하나 더. 한데 미안하게도 이번엔 공포탄이 될 모양이다. 진짜 노래가 아니라, 노래에 대한 이야기로 때워야 될성부르다.

재작년 문화 정책에 관한 어느 심포지엄에서의 일이다. 예전에 장관을 지냈던 정부의 고위 관계자가 한국의 미래에 대해 일본어 문투투성이의 발제를 한 후 의젓하게 질의를 기다리고 있었다. 그때 누군가가 일어났다. 조금은 엉뚱하게도 그 사람이 던진 질문은 컴퓨터 음악의 규격 *Specification*에 관한 것이었다. 현재의 표준 규격인 MIDI(Musical Instrument Digital Interface)로서는 5음계의 국악을 제대로 표현할 수가 없는데, 이에 대한 정부 나름의 입장 및 대책이 있다면 말해 달라는 것이었다. 그런데 더욱 엉뚱한 것은 응답자의 태도였다. 그는 조금 화가 난 듯한 음성으로 정부의 시책에 비판적인 사람들을 공격하는 것이었다. 그 공격은 일방적이고 해독이 어려운 논리로 가득 차 있었으니, 그 대답을 들으며 내가

분명하게 이해할 수 있었던 것은 그가 질문자의 말뜻을 전혀
이해하지 못했다는 것이다.

그 전직 장관께서 지금은 질문의 뜻을 이해할 수 있게 되
었기를 제발 바란다. 근 1, 2년 사이에 정보화 사회에 대한
마인드가 얼마나 깊숙이 우리의 온몸을 뒤흔들어놓았던가?
예전에 중국에서 의식 개조란 말이 유행했었는데, 지금의 우
리 상황은 그 말을 무색하게 한다. 오죽하면 "컴퓨터를 모르
면 취직도 안 된다"는 기사를 일간지가 적고 있겠는가? 심하
게 말해, 컴퓨터를 모르면 비디오 가게 점원도 못 되는 게 요
즘의 분위기다. '정보화는 앞서자'는 거국적 상의 하달형의
명제가 무차별 융단 폭격을 감행하고 있는 이즈음에 '상의'
를 좌지우지하는 위치에 있는 사람이 규격의 뜻을 이해하지
못할 리는 없을 것이다.

그러나, 나는 불안하다. 얼마 전 모 일간지에서 컴퓨터 활
용 수준에 관한 한·미·일간의 비교 통계를 내놓은 적이 있
다. 통계 수치를 보면, 다른 것은 모두 일본에 뒤져 있는데,
유독 PC 보급률만은 일본을 앞서 있다는 특이한 현상을 알
수가 있다. 그런데 우리 사회에서 그것은 어쩌면 당연한 것
이다. 가령, F라는 나라가 있다. 그 나라의 국민들은 컴퓨터
에 대해 잘 모른다. 글쟁이들도 여전히 낡은 타자기를 사용
하는 사람들이 대부분이다. 또, 조금 오래된 보고이긴 하지
만, 『엥테르네트』라는 그 나라 컴퓨터 잡지에 의하면, 기술

문명 사회에 대해 가장 깊이 있는 성찰을 하고 있다고 거론
되는 그 나라의 철학자들 중 정작 인터넷을 활용하는 사람은
거의 없다는 것이다. 그렇지만, 그 나라의 도심 한복판에 있
는 도서관에 가면 전국 도서관의 서적 목록을 검색할 수 있
는 것은 물론이고 인터넷을 사용할 수 있는 단말기들도 비치
되어 있어서 사람들이 줄을 서서 기다리고 있다. 또 정부에
서 '미니텔'이라는 전국 네트워크를 설치하고 650만 대의 단
말기를 가정에 값싸게 대여해서 사람들이 생활 정보 습득 및
가사 처리를 그것을 통해서 한 지가 벌써 17년째다. 그에 비
하면, 한국의 도서관은 전국 도서관 검색은 차치하고라도 자
신의 서고나마 전산화되어 있는 데가 몇 군데가 되는지 의심
스럽다. 그리고 정부에서 국민들을 위해 이른바 정보화 마인
드에 자연스럽게 익숙해지도록 기본 공공 시설을 마련해놓
은 게 얼마나 되는지 가물가물하다. 하이텔 단말기가 시범적
으로 배급된 게 몇 년 전이었던 것 같은데, 그게 실용화되었
다는 얘기는 들은 적이 없다. 요컨대 지금 정보화 사회를 선
도하고 있는 권력들이 그런 사회의 건설을 위한 국가적 인프
라는 전혀 마련해두지 않은 채, 국민 각 개인들에게 그 부담
을 요구해왔던 것이다. 대저 스스로 해보지 않으면 깨달음이
나올 수 없는 법. 승용차만 타고 다니는 사람이 지하철 사정
을 모르듯이, 정보화를 위한 노역을 타인에게 떠넘기는 사람
이 '규격'이라는 단어의 치명적인 함의를 이해할 수 있을지

불안하기만 하다.

하긴 모로 가도 정보화를 앞서기만 하면 된다는 말도 있을 수 있다. 한국인 특유의 자기애와 성실성을 부추겨 던시네인으로 진군하여 맥베스를 치기만 하면 되는 것이다. 그러나, 전국민이 버넘 숲처럼 움직여 마침내 그곳에 닿았을 때, 반드시 부닥치고야 말 일이 하나 있으니, 바로 우리에게는 성문을 열 열쇠가 없다는 것이다. 무슨 얘기냐 하면, 정보화 사회의 기본틀은 우리가 아닌 남이 쥐고 있다는 것이다. 표준 규격이라는 이름의 바로 그 열쇠말이다.

정보화 사회의 허파에서 모공까지, 그러니까, 하드웨어로부터 작은 프로그램에 이르기까지 이 규격이라는 것이 문제가 되지 않는 곳이 없다. 또 다른 예를 들자면, 컴퓨터 환경에서의 한글 구현 문제는 초창기나 지금이나 여전한 골칫거리로 남아 있다. 『마이크로소프트웨어』 최근호에 실린 한 필자의 말을 그대로 옮겨보자: "우리는 소프트웨어의 표준을 항상 받아들이고 따라가야 하는 입장이다. [……] 세계인을 위한 컴퓨팅 환경인 자바Java도 예외는 아니다. 저 유명한 코카콜라도 각국 사람들의 입맛에 맞게 각기 맛이 틀리다는데, 아직 자바는 우리 입맛에는 씁쓸하기만 하다. 우리 글인 한글을 제대로 사용할 수 없기 때문이다"(김도형, 「자바에서의 한글 구현과 그 해결책」).

우리는 표준을 항상 받아들이고 따라가야 하는 입장이다!

이 말은 거의 델포이의 신탁과도 같은 운명의 무게를 가지고 우리의 머리 위로 떨어진다(볼랜드Borland산 프로그래밍 언어의 이름이 바로 그것이니, 그걸 개발한 사람들의 예지를 놀랍다고 해야 할지……). 그것은 생명은 여자의 몸에서 태어난다는 진리처럼 지극히 자연스럽게도 들리기도 하며, 평생 노예로 살라는 악담과도 같아서 벌컥 부아를 치솟게도 하고, 또 뛰어봤자 부처님 손바닥이라는 속담을 연상시켜서 자조의 웃음을 흘리게도 한다. 그러나 한 가지 외면할 수 없는 사실은, 운명은 좀처럼 모습을 바꾸지 않는다는 것이고, 그래서 셰익스피어식 기지를 발휘해 맥더프가 될 전망은 아주 아득하게만 느껴진다는 것이다. 정보의 선진국이 되자는 저 위압적이고도 현란한 합창이 정말 원하는 목표에 다다를 수 있을 것인가? 여전히 우리는 남이 짜놓은 묘판에 김매기 품팔이를 나간 머슴의 꼴을 면치 못하지 않을까? "인정(人情)의 젖을 마르게 하는" 맥베스 부인의 치맛자락에 평생 휘둘리며 살아야 하지 않을까?

이 음울한 예상에 대한 아주 훌륭한 반박 논리가 있을 수 있다. 우리 것을 포기하면 되지 않는가? 다 같이 귀를 즐겁게 해주는 것이라면 굳이 5음계를 고집할 필요가 있겠는가? 한글이 세계화를 하는 데 장애가 된다면 한글을 포기하고 영어를 상용어로 쓰면 되지 않겠는가? 이 주장은 내가 그의 창의적인 사고와 조직적인 실용주의 때문에 특별히 존경하는 어느 소설가가 제안했던 것이기도 해서, 그 주장이 그의 손끝에서 나왔을 때 많은 한글 문필가들이 망치로 머리를 얻어맞는 듯한 충격을 받아 몇 명은 병원에 실려갔다는 헛소문이 돈 적이 있다. 하긴, 왜 안 되겠는가? 아예 미국의 52번째 주로, 그게 너무하다면, 소연방국으로 편입되면 어떤가? 그런다고 해서 우리의 행복 상공에 무슨 한랭 전선이 깔리겠는가? 오히려 세계 1등 국가의 일원이 되었다는 긍지로 살맛나지 않겠는가?

그러나, 이런 주장이 결정적으로 회피하고 있는 한 가지 문제가 있으니, 통합의 물결은 분할의 파도때(波濤罪)를 항상 동반하면서 밀려온다는 것이 그것이다. 가령, 냉전 체제가 무너지고 지구가 자본주의의 승리로 귀결되었을 때 곧바로 등장한 것이 민족 분쟁 아니었는가? 그것은 단순히 각 민족들의 독립에 대한 열정이 저지르고야 만 불행한 결과인 것만도 아니고, 힘이 넘쳐나는 강대국들이 힘 풀 데를 찾다가 벌이는 한판의 장난도 아니다. 그것은 다만 외적 대립이 내적 분할로 바뀌었을 뿐 지배와 피지배의 틀로부터 세계 운영의 동력이 발생한다는 고전적인 원칙은 하나도 변하지 않았다는 것을 웅변하는 것이다. 성공적으로 세계 시민의 일원으로 편입된 사람들이 있을지라도 때로는 얼굴색 사이를 가르는 분할선에 의해, 때로는 경제적 능력에 따라 세계의 주변부에 밀려나 있는 사람들은 여전히 궁색한 취락을 이루며 음울한 인생을 강요당한 채로 살아갈 것이다. 지금 민족이 그 분할선의 기능을 하고 있다면 민족은 긍지가 아니라 오히려 낙인이다. 민족은 우리의 원(願)에 의해서뿐만 아니라, 바깥 나라의 관리 지침에 따라서 여전히 보존된다. 한국인이 영어를 상용화한다고 해서 한국이 미국이 되는 날은 오지 않는다. 그렇게 되려고 해도 받아주질 않는다.

그 비슷이, 이후로도 오랫동안 규격은 약소국의 컴퓨터 사용자들에게 질긴 멍에로 작용할 것이다. 유니코드가 모든 운영 체제와 소프트웨어의 표준으로 자리잡아 한글이 다른 언어들과 자유롭게 어울리면서 컴퓨터 내에 공존할 수 있게 된다 하더라도, 우리가 제작자가 아니라 '고객'인 이상 사방팔방에서 무수한 강제 규격들에 몸을 맞추며 살아가야 할 것이다. 그러니, 문제는 규격에 대한 요구가 아니라, 규격 결정권에 대한 요구이다. 그러나, 역설적이게도 규격에 대한 요구가 없으면 규격 결정권에 대한 요구는 절대로 획득되지 않는다. K-DOS를 비롯해 독자적 운영 체제를 만들겠다는 숱한 시도들이 허무하게 좌절되고 마는 내력들을 우리는 보아왔다. 독립 영화들은 많이 성공했지만 독립 규격에 대한 선포는 미리 백기를 흔드는 것과 같다. 그러니, 따라갈 수밖에 없다. 따라가되 그 안에 낯선 내 존재의 특성들을 새겨놓아야 한다. 앞서 인용한 필자는 "자바에 관심이 많고 깊은 지식을 가진 많은 사람들이 썬(Sun Microsystem)의 API 초안 등의 내용을 계속 접하고 우리의 입장을 전달해 관철시켜야 한다고 생각한다. 〔……〕 유니코드 2.0을 지원하도록 수정하는 일이 그렇게 힘든 일일까? 아니라고 생각한다. 우리는 분명히 그네들의 물건을 사주는 입장이다. 우리는 고객으로서 받아야 할 대우를 요구할 권리가 있다"라는 말로 마침표를 찍고 있다. 전적으로 동감한다. 다만, 그 고객으로서의 요구는 참여자로서의 요구로 언젠가 바뀌어야 한다. 그날이 언제일까? 그날이 오긴 올 것인가?

노래방을 나오며, 나는 울컥 짜증이 인다. 나는 김민기의 「그날」이라는 노래를 부르고 싶었다. 그러나 노래 목록에 없었던 것이다. 노래방 기계 회사에 전화를 걸어 그 노래도 넣어달라고 전화를 할까? 그러나, 회사에서 내 요청을 받아준다고 할지라도 다음번에 내가 「내 마음속에 비가 내리네」라는 샹송을 부르고 싶다면 나는 다시 실망할 것이다. 노래방 기계도 일종의 규격이다. 노래방에서 우리는 알게 모르게 같은 노래를 부르도록 도모(圖謀)당한다. 내 마음속의 노래 목록도 규격화된다. 쓸쓸한 일이다. 내 마음속에 추적추적 비가 내린다. 〔1996. 12〕

컴퓨터가 할 수 없는 것이 있을까?

코기토 에르고 숨 *Cogito Ergo Sum*, 즉 "나는 생각한다. 고로, 나는 존재한다"라는 데카르트의 유명한 명제를 모르는 사람은 없을 것이다. 그러나, 대부분의 사람들은 이것이 사유의 담지자이자 사유의 주인으로서의 인간에 대한 드높은, 아니 차라리 무시무시한 선언이라는 것을 마저 생각해보지는 않았을 것이다. 데카르트가 『방법 서설』을 발표했을 때 한 친구가 데카르트에게 이렇게 물어본 적이 있다. "나는 숨 쉰다. 고로 나는 존재한다"라고 말할 수는 없는가? 이에 대한 데카르트의 대답은 명쾌하다. "그대는 어떻게 그대가 숨 쉰다는 것을 알 수 있는가? 숨쉰다는 것을 그대가 생각할 때에만 그럴 수 있는 것이다."

오직 사유만이 인간의 핵심이라는 것이다. 몸은 사유에 비해 부차적인 것일뿐더러, 사유는 몸과 완전히 분리된 채로 자율적이고 합목적적으로 움직일 수 있다는 것이다. 이 주장을 더욱 밀고 나가면 몸은 오류와 우연투성이인데 사유는 합리 그 자체이며, 따라서 몸은 악이고 사유는 선이라고까지 말할 수 있게 된다. 데카르트가 『방법 서설』의 저자이자, 동시에 『정념론』의 저자라는 것은 그 점에서 의미심장하다. 인간의 육체적 욕망과 관련된 온갖 정념은 사유인의 의지로써 극복되어야 한다는 것이 『정념론』의 요지인 것이다.

그렇지 않아도 복잡하고 짜증나는 세상에 이 무슨 머리카락을 쥐어뜯게 만드는 얘긴가? 간단히 말해, 컴퓨터야말로 사유의 집합체이기 때문이다. 그리고 컴퓨터의 발달은 사유의 완성을 향해 가면서 몸의 질곡으로부터 인간을 해방시키고 있기 때문이다. 가령, 컴퓨터 그래픽의 특수 효과를 동원한 공상과학영화에서 우리는 현실적으로 존재하지 않는 생명이며 현상을 자주 만날 수 있다. 「터미네이터」에서 아놀드 슈워제네거의 망가진 눈으로부터 특수 망원경이 튀어나온다든가 「워락」에서 실제의 인간이 순식간에 피카소풍의 조각으로 쭈그러드는 특수 효과는 현실적으로 존재하지 않는 것, 다시 말해 몸의 한계를 초월한 전혀 새로운 세계를 보여준다. 그것을 가능케 하는 것은 컴퓨터 그래픽, 즉 모든 이미지들을 수학적 정보로 환원한 다음, 그 정보들의 자유 합성을 통해 예기치 않은 이미지를 창조해내는 기술이며, 이 기술을 작동시키는 것이 바로 사유, 즉 개념틀의 구성과 논리적 계산과 처리의 능력인 것이다.

물론 영화는 공상이지 현실이 아니다. 그러나, 그 공상이 언젠가 현실이 되리라는 상상을 막연하게나마 품고 있지 않은 사람이 얼마나 되는가? 재래적인 소설 속에서의 허구가 현실적으로 가능하지만 실제로는 이루어지기 어려운 사건에 대한 상상이라면, 공상과학영화에서의 허구는 현실적으로 불가능하지만 언젠가는 분명히 이루어질 수 있으리라는 가정을 담고 있는 허구이다.

한데, 이렇게 사유가 몸의 한계를 초월하는 자율적인 능력을 가지고 있다면, 사유의 주체는 더 이상 데카르트가 생각했듯이 '나'가 아니라 사유 그 자체일 것이다. '나'는 정신과 육체가 분리되지 않는 실체적 존재이다. 다시 말해, '나'라는 인간은 결국 몸의 숙명을 벗어나지 못한다. '나'는 생각만 하면서 사는 것이 아니라, 밥을 먹고 화장실에도 가야 한다. 나는 때로는 합리적으로 따져보면 아주 쓸데없는 일에 몰두하기도 하고, 몸이 말을 안 들어서 하고 싶은 일을 포기하기도 해야 한다. 데카르트가 생각했듯이 사유가 몸과 분리될 수 있는 것이라면, 사유에게 인간의 몸이란 결국 불편한 짐에 불과하기 때문에 몸으로부터 독립해 독자적인 실존체를 구성할 수도 있을 것이다.

그런 실존체의 표상을 우리는 외계인에 대한 상상적인 그림에서 볼 수 있다. 「ET」나 「미지와의 조우」 같은 영화에서뿐만 아니라, 흔한 카툰이나 캐리커처에도 광범위하게 보편화되어 있는 외계인의 모습은 머리통이 거대하고 몸은 왜소한, 따라서 지능이 고도로 발달되어 있으며, 육체적 기능은 최소화되어 있음을 시각적으로 재현하는 그런 모습이다. 외계인은 그러니까, 순수 사유체의 존재 가능성에 대한 상상적 지시물이라고 할 수 있다.

그러나, 순수 사유의 실존체가 외계인 같은 상상적 존재로서 가정될 뿐만 아니라 현실적으로도 존재하는 시대에 우리는 살고 있다. 바로 컴퓨터가 그것이다. 컴퓨터는 인간에게서 몸을 빼고 순수 사유만을 극대화시킨 다음, 그것에 기계적인 장치들을 첨가한 것이다. 그 기계 장치들이 컴퓨터의 몸을 구성하는 것인데, 그러나, 그것들은 인간의 몸처럼 정념을 가지고 있지 않으며, 따라서 사유의 진행을 방해할 일이 없다. 오히려, 기계의 몸은 컴퓨터의 사유를 촉진시키는 데 기여한다. 가령, 중앙 처리 장치(CPU)에 부착된 쿨러는 그것이 지나치게 열을 발산하여 탈진하는 것을 막아주는 것이다. 이런 생각이 극단적으로 나아가면 컴퓨터의 사유는 인간의 사유보다 더 높아질 가능성이 높으며, 따라서 경향적으로는 컴퓨터의 두뇌가 인간의 두뇌보다 우월하다고 말할 수 있다. 컴퓨터가 인간의 사유를 완전히 대체할 것이라는 환상적이고도 음울한 상상이 태어나는 것은 이런 사정에서이다. 「터미네이터」가 보여주듯 미래 세계에서는 기계류가 인류를 정복할지도 모른다.

그러나, 컴퓨터의 사유는 정말 인간의 사유와 같은가라는 근본적인 질문이 남아 있다. 흔히 4세대라고 불리는 지금의 컴퓨터는 인간이 보유한 어떤 능력을 결여하고 있다고 말해지고 있다. 지금의 컴퓨터가 할 수 있는 것은 기억과 계산뿐이기 때문에, 정보화되어 있지 않은 사건들에 대해서는 대처할 능력이 없다는 것이다. 그러나, 차세대 컴퓨터가 그런 능력을 가질 수 있으리라는 것은 아주 오래 전부터 말해져왔으며 흔히 '인공 지능'이라는 이름하에 새로운 컴퓨터에 대한 실험이 지속적으로 시도되고 있기 때문에 언젠가 컴퓨터가 인간의 사유 능력을 완벽히 제 것으로 만들 날이 올 것이라는 것은 확신까지는 할 수 없어도 어쨌든 가정할 수는 있다. 또한, 그에 비추어, 언젠가 컴퓨터가, 혹은 기계류가 인류를 대체할 날이 오리라는 것도 괜한 백일몽만은 아니다.

그러나, 바로 여기에서 우리는 더욱 근본적인 질문을 제기해야 한다. 이런 생각들의 초석이 되어준 것은 바로 모두에서 꺼낸 데카르트의 명제이다. 근대적 사유의 제1명제라고 할 수 있는 그것은 사유를 인간 활동의 중심으로 놓음으로써 인간을 사유를 가진 세계의 지배자로 내세우는 데서부터 출발해 역설적이게도 사유가 인간의 지배자가 될 가능성에까지 나아간 것이다.

그런데 정말 사유는 활동의 중추인가? 인간 활동을 구성하고 지배하는 것은 오직 사유뿐이며, 몸은 불편한 방해물에 불과한가? "이 어이 거친 몸"(이성복)이라는 시구도 있지만,

몸은 그렇게 벗어날 수 없는 운명의 굴레이고 영원한 마음의 감옥에 불과한 것인가?

컴퓨터와 인간의 사유를 하나로 이해하려는 철학적 노력은 '인공 지능'에 대한 구상으로부터 출발한 '인지 과학'이다. 인지 과학은 사유의 활동을 "계산과 개념 표상과 절차의 총합"으로서 파악하는 학문적 활동이다. 그것의 기본적인 가정은 "의식적이건 무의식적이건 개념 표상은 하나의 계산 시스템을 구성하여, 이미 알고 있는 상황에서의 우리의 행동과 더불어 낯선 상황에서의 발견술적인 태도들(문제 해결)을 만들어낸다"(제라르 베르뇨, 「왜 인지 심리학인가?」, 『팡세』, No 282, 1991년 7~8월호, p. 11)는 것이다. 인지 과학의 밑바탕에는 인간의 활동을 두뇌의 움직임으로 압축시키고, 그 두뇌를 합리적 구상 및 계산 체계로서 이해하는 태도가 깔려 있다. 그렇다면, 인간의 사유와 컴퓨터의 사유는 사실 똑같아질 것이다. "두뇌는 디지털 컴퓨터이고 정신은 프로그램"이라고 이해할 수 있는 것이다.

인지 과학적 태도는 현재 괄목할 만한 발전을 보여주고 있으며, 최근에는 인간의 창조적 영역, 즉 문학 · 철학 · 예술의 영역까지도 인지 과학적 개념으로 이해할 수 있다는 주장까지도 나오고 있다. 1978년 노벨 경제학상을 받았으며, 현재 인지 과학의 대표자로 거론되고 있는 허버트 사이몬 Herbert Simon은 문학 비평을 인지 과학적으로 접근하는 시도를 보여주었으며(이 글은 스탠포드 대학의 『전자 인문학지』, 1994년 봄호에 실렸고, 『문학과사회』, 1995년 겨울호에 번역되었다), '인지 과학'이라는 이름을 달지는 않았지만 브라운 대학의 랜도George P. Landow는 바르트, 푸코, 데리다 등의 현대 첨단 텍스트 이론과 하이퍼텍스트가 완벽하게 상응한다는 주장을 의욕적으로 펼치고 있다(『하이퍼텍스트: 현대 비판 이론과 테크놀러지의 만남』). 하지만, 사이먼의 비평 이론은 1970년대에 제출된 크리스테바, 바르트의 비평 이론의 수준에 거의 못 미치고 있으며, 랜도의 주장은 현대 철학자들의 이상과 하이퍼텍스트의 실제 사이의 괴리를 전혀 고려하지 않고 있다는 결정적인 난점을 안고 있다. 이것은 인지 과학적 접근이 아직 충분히 이론적 발전을 못 이루었기 때문인가? 아니면 인간 활동을 인지 과학적으로 이해하는 태도에 근본적인 문제가 있기 때문인가?

『컴퓨터가 할 수 없는 것』이라는 책으로 유명한 허버트 드레퓌스Hubert Dreyfus라는 철학자의 주장은 그 점에서 많은 것을 생각게 해준다. 그의 주장의 요점은 인간의 활동, 아니 세계 내 존재의 모든 활동은 결코 사유에 지배되어 있지 않으며 몸과 능동적으로 관련되어 있다는 것이다. 그리고 그 점에서, 사유의 집합체로서의 컴퓨터가 '여전히' 할 수 없는 것이 있다는 것이다. 그의 주장에 대해서 다음 호에 가능한 한 알기 쉽게 소개해볼 요량이다.   〔1997. 1〕

몸, 혹은 사람과 컴퓨터 사이

　어린이에게 책 읽는 습관을 들여주려면 어떻게 해야 할까? 『책 밖의 어른 책 속의 아이』(문학과지성사, 1997)를 쓴 최윤정은 재미있는 대답을 들려준다. 조금 도발적으로 요약하자면, 어른이 어린이의 책을 빼앗아 읽어라! 그것이 저자의 대답이다. 사연인즉 이렇다. 아이는 부모의 직업상 책이 잔뜩 쌓여 있는 환경에서 자랐다. 그러나, 부모는 아이에게 책을 읽어줄 시간은 없었다. 엄마 아빠는 늘 책을 읽고 있었지만 아이는 책에 신물이 났다. 게다가 옆집 아이가 놀러 와서는 "너네 아빠는 책방 하시다가 망쳤니?"라고 물어보는 바람에 아이는 자존심이 상해서 "자기는 이담에 커서 절대로 공부는 안 할 거라고" 부모에게 선언한다. 밥만 먹으면 밖으로 놀러 나가는 아이가 걱정이 되어 엄마는 좋은 책을 골라 읽히려고 어린이 책을 읽기 시작한다. 그러다가 엄마가 아이의 책에 빠져든다. 엄마는 밥해줄 생각도 안 하고 아이 책만 읽는다. 그리곤, 차츰 아이도 엄마 곁에 앉아서 책을 읽기 시작한다. 나중에는 "나가 놀지도 않고 하루종일 빈둥대며 책만 읽었다. 재미있다고 생각되는 책은 읽고 또 읽었다." 저자는 대견한 듯이 말한다. "초등학교에 입학하기 전 겨울, 아이가 저 혼자 깨친 글 읽는 솜씨를 반신반의하고 있던 나는 글씨가 좀 큼지막한 저학년용 장편동화 한 권 정도는 하루에 너끈히 읽어내는 아이를 보고 깜짝 놀랐다."

이 모자에게 무슨 일이 일어났던 것일까? 이 이야기는 사람이 세상을 익히는 방식에 대한 날카로운 암시가 담겨 있다. 아이에게 책은 무엇보다도 정신의 산물이 아니라 몸의 사건이다. 아이는 엄마가 읽는 책의 내용에 흥미를 느낀 것이 아니라 엄마의 책 읽는 행위에 감염된 것이다. 그것도 (아이의) 머리가 (엄마의) 몸을 해석하고 그것에 적절한 반응을 제 몸에 주었다기보다 차라리 몸이 몸을 느끼고 몸들 사이에 희한한 자기 전류가 흘러 다투어 책 읽는 장관을 연출한 것이다. 그러니, 사람들은 흔히 "책 속에 길이 있다"고 말하지만, 정말 길은 거기에 있는 게 아니다. 그것은 책과 사람 사이에 있다. "사람들 사이에 섬이 있다/그 섬에 가고 싶다"고 정현종 시인은 말하지 않았던가? 그 섬이 그 길인 것이고, 그것은 언제나 '속에' 있지 않고 '사이에' 있는 것이다. 책과 사람 사이, 다시 말해, 사유와 몸 사이.

지난 호에 예고했던 대로 오늘은 컴퓨터와 인간이 어떻게 다른가를 열심히 따지고 있는 드레퓌스 씨의 견해를 소개한다. 씨도 바로 이 몸이라는 것에 주목한다. 컴퓨터가 언젠가 인간의 모든 것을 대신할 수 있다고 생각하는 인지 과학자들에게는 모든 사유는, 더 나아가 모든 활동은 오직 논리적 계산 체제, 즉 알고리즘으로 환원될 수 있다는 기본적인 전제가 깔려 있다. 정말 그러하다면, 인간의 삶이란 잘 고안된 계산틀을 통하면 해석 못 할 것이 없게 된다. 가령, 우리는 간단하게 물어볼 수가 있다. 컴퓨터는 감정을 가질 수가 있는가? 즉 컴퓨터는 좋다, 싫다라든가, 행복하다, 불행하다라는 느낌을 가질 수 있는가?

상식적으로는 안 그럴 것 같지만, 극단적 인지 과학자들은 그렇다고 생각한다. 왜냐하면 그들이 보기에 감정이란 어떤 심리적 기준의 양적 지수를 뜻하는 것과 다를 바 없기 때문이다. 즉 기쁨이란 기쁨—슬픔 계수의 반을 넘는 것이고 슬픔이란 그 반에 모자란 것이라고 말할 수가 있다는 것이다. 만일 그렇다면, 기쁨—슬픔의 계산 체제를 컴퓨터에 부착하면, 컴퓨터는 상황에 맞추어 기쁘거나 슬퍼할 것이다. 또 사랑 측정 프로그램을 이식하면 케이스를 뜯은 컴퓨터들을 옆에 붙여놓았을 때 그들은 아득한 성적 충동을 느낄지도 모르는 일이다.

이러한 구체적인 논지들을 일일이 긍정하거나 부정하기는 그렇게 쉬운 일이 아니다. 기본적인 전제로 되돌아가자. 기쁨—슬픔의 계산 방정식은 있을 수 있는가? 사랑 측정 프로그램은 가능한 발상인가? 다시 말해, 정말 인간의 정신적 행동은 논리적 알고리즘으로 환원될 수 있는가? 이 가정을 반박할 수 있는 예를 들어보자.

훌리오 카플란Julio Kplan은 세계 체스 주니어 챔피언을 지냈던 적이 있는 사람이다. 그이에게 다음과 같은 실험을 한 적이 있다. 거의 매초에 가까운 빠른 속도로 덧셈을 시키는 한편, 전문가 수준의 체스 상대자와 5초 안에 말을 움직여야 하는 속기 체스를 두게끔 한 것이다. 결과는 어떻게 됐을까? "그의 분석적 정신은 덧셈에 온통 빼앗겨 있었는데도 불구하고 카플란은 게임을 거치면 거칠수록 더욱 의욕적으로 체스를 두어나갔다. 체스판의 상황을 간파하고 구도를 짜내는 데 필요한 시간이 절대적으로 부족한 채로 그는 여전히 유연하고 잘 조직된 전략을 구사하는 것이었다."

이 예는 인간의 사유가 분석적 논리와는 다른 무엇을 가지고 있다는 것을 암시한다. 그러나 반대 의견도 가능하다. 카플란이 체스를 두어나갈 수 있었던 것은 체스에 대한 사전 프로그래밍을 이미 해두고 있었기 때문이다. 요컨대, 카플란은 두뇌 속에 5만 개 이상의 수를 저장하고 있었던 것이고 때마다 적절한 수를 끄집어내었다고 해석할 수 있는 것이다. 그러나, 그는 그 긴박한 순간에 적절한 수를 어떻게 찾아냈던 것이고, 게다가 그에게 저장되어 있지 않은 예기치 않은 수가 나왔을 때 그는 어떻게 대처할 수 있었단 말인가?

기억과 계산만으로는 직관과 유추가 불가능한 것이다. 직관은 시간을 제거한 선택의 능력이며 유추는 과거의 지식을 활용하되, 그것을 아주 다른 상황에 적용할 수 있는 능력이다. 또 다른 예를 들어보자. 이번에는 미 공군 조종사 교관들에 대한 실험. "공군의 심리학자들은 모의 비행 훈련 동안에 교관들의 눈 움직임에 대한 연구를 하였다. 상식적으로는 교관들은 그들이 피교육자들에게 가르치는 것처럼 정확하게 눈을 규칙적으로 움직여야 한다. 그러나 실험의 결과는 엉뚱했다. 교관들은 규칙을 전혀 따르지 않았으며 상황의 변이에 따라 아주 자유롭게 움직였다."

여기까지 오면, 인간의 사유는, 혹은 인간의 정신적 활동은 기억과 계산과는 전혀 다른 무엇을 가지고 있다고 인정하지 않을 수 없다. 물론, 인지 과학의 발달은 컴퓨터의 사유를 기억과 계산 이상의 것으로 끌어올리게 되었다. 신경망 모델 이론이 그것으로서, 그에 따르면 "상황들에 대한 기억은 저장되는 것이 아니라, 관계망의 변형을 야기한다"는 것이고, 그 변형은 궁극적으로 기억으로서 저장되지 않은 행동들에 대한 적절한 추론적 대응을 할 수 있도록 한다는 것이다. 아마도 우리는 개개의 컴퓨터가 아닌 컴퓨터들간의 연결망, 즉 인터넷 등의 통신망에서 그 실례를 확인할 수 있을 것이다.

그런데, 이 신경망 모델 이론도 한계를 가지고 있다는 것이 드레퓌스 씨의 판단인 바, 각각의 추론적 대응들을 일반화시킬 수 있는 능력을 컴퓨터가 가지고 있음을 그것은 입증하지 못한다는 것이다. 논의의 복잡성과 지면 관계상 이에 대한 얘기들은 미루기로 하자. 여하튼 드레퓌스 씨의 결론은 기억과 계산과 추론의 능력 이상의 것을 인간은 가지고 있다는 것이다. 그 다른 무엇이란, 기억과 계산이 하는 상황의 해결 능력이 아닌, 직관과 유추의 능력, 즉 상황에 맞추어 적절히 균형을 취하는 능력이며, 드레퓌스 씨는 바로 그것 때문에 몸을 정신적 활동의 불가결한 구성원이라고 주장한다. "어떤 일을 익히기 위해서는 눈앞에 제시된 일에 대응할 줄 아는 지각이나 상상 능력이 있어야 한다. 우리가 배우는 노하우는 상황의 도전과 우리의 응전의 과정을 통해 우리에게 재투영된다는 의미에서 인간의 의도성은 몸을 필요로 한다." 그러니까 몸은 어떤 물리적 덩어리를 뜻하는 게 아니라 상황의 도전과 개체의 응전이 만나는 자리이며, 도전과 응전의 복합적 과정이 집약적으로 압축된 장소이다. "몸은 '나는 생각한다'의 종속물이 아니다. 그것은 평형 쪽으로 움직이는 생체험적 의미들의 집합이다."

이 몸의 능력을 두고 드레퓌스 씨는 '나는 생각한다'는 능력이 아니라, '나는 할 수 있다'(이 말은 메를로-퐁티에게서 빌려온 것이다)는 능력이라고 말한다. 삶을 계산하고 최고의 목표를 달성하기 위해 구도를 짜는 능력이 아니라, 상황을 포지(捕知)하고 최적의 대응 태세를 갖추는 능력이 바로 그것이다. 그 능력을 행하는 것, 바로 그것이 활동하는 육체라는 것이다.

먼저 몸으로 느껴라, 이해는 그 다음이다. 이것이 컴퓨터가 아닌 사람이 세상과 사물을 익히는 방식이다. 컴퓨터가 오직 이해의 원주를 가속화시키며 날아가는 투원반이라면, 사람은 몸에서 사유로, 지각에서 이해로, 그리고 다시 이해에서 지각으로 역전과 진전을 되풀이하는 야릇한 부메랑적 존재이다.

아하, 알겠다. 왜 종교인들이 차분히 설득하기에 앞서 우선 믿음의 세계로 나 같은 무신론자를 인도하려고 애쓰는지, 왜 젊은 가수들이 "넌 할 수 있어"를 외쳐대는지, 그리고, 또, 형편없는 내용을 담아도 디자인이 좋은 잡지는 불티나게 팔리는 이유는 무엇인지, 요컨대, 합리적으로 추론해보면 이해될 수 없는 일들이 사람들 세상에서는 왜 그리도 많이 일어나는지…… 그리고 그것들이 항상 미혹의 함정인 것이 아니라 거의 동등한 확률로 신생의 출구가 되기도 하는 이유가 무엇인지……

추기: 이 글을 마무리할 즈음에 나는 로저 펜로즈가 지은 『황제의 새마음』(박승수 옮김, 이화여대 출판부)이 번역·출판된 것을 알았으니, 그 책을 미처 검토 못 한 게 아쉽다. 컴퓨터와 인간의 관계에 대해 관심이 있는 분들은 꼭 읽어보시기를 권한다. 　　　　　　　　　　　　　　　〔1997. 2〕

가상은 실제의 반대말이 아니다

오늘은 어디로 가볼거나?

넷스케이프를 열 때면 가장 먼저 떠오르는 생각이다. 습관적으로 북 마크를 열지만 딱히 가고 싶은 곳이 없다. 스윽스윽 마우스를 위아래로 놀리다가 『르 몽드』지를 클릭한다. 기사 색인을 보니 흥미를 끄는 게 눈에 띄지 않는다. 다시 북 마크를 열고 대서양을 건너 『타임』지로 가본다. 바다에 폭풍이 부는지 좀처럼 건너가지 못한다. 아래 상태바에서는 초당 겨우 60바이트의 전송 속도를 나타내고 있다. 짜증이 난다. 항로를 변경해 알타비스타로 간다. '단순 검색' 메뉴에서 생각나는 대로 'Hitchcock'이라고 친다. 그 영화감독이 괴물은 괴물인 모양이다. 무려 2만 개가 넘는 사이트가 히치콕에 관해 한마디씩 하고 있다. 그이의 영화 제목처럼 현기증이 난다. 당연히, 그 사이트들을 다 검색할 의욕은 솟아나지 않는다. 좀 편하게 구경해보자고 야후로 건너간다. 특별한 기대가 있어서 가는 건 아니다. 그저 그것이 거기에 있으니 갈 뿐이다.

인터넷의 항해자는 목표도 정처도 없다. 그는 마우스와 화면의 접점들에서 내키는 대로 끌럭끌럭 집게손가락을 누른다. 인터넷이 생겨난 취지에 비하면 이 얼마나 한가로운 호사인가? '정보 고속도로'는 이런 무용한 향락객들 때문에 얼마나 지체되겠는가? 그러나 이 고속도로에는 갈림길이 무척 많고 갈림길마다 휴게소가 있다. 견물생심이라고 놀 것이 많은 판에 못 놀 게 없다.

물론 그는 아주 바쁜 처지다. 원고를 빨리 달라는 편집장의 독촉 전화를 벌써 닷새째 받고 있다. 요즘식으로 말하면 빨리 정보를 찾아서 보고해야만 하는 것이다. 실로, '정보를 찾아라'는 이 시대의 지상 명령이며, 그 명령은 숨쉴 틈도 주지 않고 모든 보통 시민들의 머리 위로 쏟아져내리는 것이다. 그런데도 그는 느긋하고 고독한 산책자이다. 아니, 고독한 산책자이고 싶다. 신속한 통신원의 사명은 창밖 저 멀리 구겨 던지고, 그저 제 기분에 취해서 바다의 색깔과 파도의 무늬를 하염없이 구경하고 있는 것이다.

너무도 완강한 이 마음이 저절로 생겨난 것일 리는 없다. 사이버 스페이스의 구조적인 성격이 그 마음을 만든다. 원래 수학에서 나온 구조라는 말을 썼다고 해서 어려워할 필요는 없다. 요컨대 인터넷 항해자는 실제의 선원과 다른 게 있다는 것이다. 실제의 선원은 갈 수 있는 곳만을 스스로 가지만,

가상 공간의 항해자는 무한히 가되, 실제로는 가지 않는다. 그의 바지에는 소금기 하나 묻지 않는다. 그의 얼굴은 해풍에 하나도 타지 않는다. 왜냐하면, 그는 인터넷을 항해하는 내내 컴퓨터가 있는 방안에 있었기 때문이다. 그 방은 그만의 공간이다. 그 방에 침범할 권리를 가진 사람은 그 외엔 아무도 없다. 어느새 그 안에서는 아무도 틈입하지 못할 내면의 성채가 세워져 있고, 성주는 성문을 굳게 닫는다. 성문을 두드리는 어떤 소리도, 설혹 신이 내린 목소리라고 유럽의 언론이 극찬했었던 한영애씨가 "거기 누구 없소?" 외친다 해도 그의 귀에는 들리지 않는다.

그 내면의 성채 안에서, 그러나, 그는 가장 넓은 바깥 세상과 통화하는 것이다. 그것도 내면 속에 갇혀 있음에도 '불구하고'가 아니라, 내면 속으로 몰입하기 '때문에' 더욱 그러한 것이다. 부동의 자세를 오래 유지할수록 더욱 발이 넓어지는 것이니, 외로울수록 더욱 외롭지 않고, 개인적일수록 더욱 집단적인 것이다.

실로 희한한 사태가 아닐 수 없다. 인터넷상에서 주문을 하면 분명 상품이 도착한다. 그러니, 그가 만나는 세계는 분명 현실 세계인 것이다. 그러나, 그럼에도 불구하고, 그 세계는 내 바깥에 있는 세상이 아니라, 내 안으로 무한히 열려 있는 세계인 것이다.

가상 공간의 의미는 여기에 있다. '가상'은 '실제' 혹은

'실재' 또는 '현실'의 반대말이 아니다. 그것의 뜻은 현실과 대립된다는 의미에서가 아니라, 어떤 현실이든 그곳에서는 즉각적으로 내면화된다는 의미에서 이해되어야 한다.

이 내면화된 세계가 어떤 가치를 갖는지에 대해서는 아직 확실한 대답이 없다. 무한한 자유와 평등을 누리게 해주리라는 것은 매혹과 강요의 두 얼굴을 가진 이데올로기의 메시지일 뿐이다. 오히려, 그 세계는 과잉된 주관성의 세계가 아닐까? 항해자는 모든 현실을 제 마음대로 왜곡해 받아들일 것이기 때문이다. 그러나, 그것은 편견이다. 왜냐하면, 어떤 자아도 타자들의 집합체일지니, 그 왜곡의 과정 자체가 타자의 손길을 거쳐서 이루어지는 것이기 때문이다. 혹은 그 세계는 극단적인 수동성의 세계가 아닐까? 왜냐하면, 인터넷 항해자가 만나는 무한한 세상은 항상 주어지는 것일 뿐 그 스스로 만드는 것이 아니기 때문이다. 그러나 그 또한 과장이다. 왜냐하면, 만남의 시간과 형식을 선택하는 것은 어떻든 바로 항해자 자신이기 때문이다. 세상은 이미 저기에 있는 것이 아니라 만나는 순간과 그것의 방법에 의해서만 존재하는 것이니, 항해자는 실질적으로 현실 구성에 참여하고 있는 것이다.

좀더 깊은 모색이 필요할 듯하다. 가상 세계의 존재론과 윤리학에 대해서. 아직 우리 주위엔 토플러류의 극단적인 낙관론자들과 보드리야르류의 극단적인 허무주의자들이 가득할 뿐이다. 〔1997. 3〕

하이퍼텍스트의 불안

두루 아시다시피 '미스트 Myst'는 1993년 브로더번드 사이언 사가 CD-ROM으로 출시한 어드벤처 게임이다. 아주 까다로운 게임인데도 불구하고 흔히 말하는 화려한 동영상과 모험의 신비함 때문이었는지 지금까지 200만 카피 이상 팔린 것으로 기록되었다. 스티븐 존스 Steven Jones의 「후기 인쇄 시대에서의 '미스트'의 책」(PostModern Culture, 1997. 1)은 이 벼락 출세한 게임에 대한 흥미로운 지적을 담고 있어서 여기 소개하기로 한다.

글의 주제는 다음 한마디로 집약할 수 있다: "'미스트' 속의 책들은 후기 인쇄 시대의 자의식의 산물이다." 얼른 눈에 들어오지 않지만, 그 배경을 헤아리면 이해할 수 있는 말이다. 배경은 이렇다. '미스트'를 처음 실행하면, 사용자는 제일 먼저 누렇게 바랜 한 권의 책을 만난다. 그 책에 마우스를 대고 클릭하면, 그 책 안으로부터 미지의 섬이 열리고, 그때부터 실제의 게임이 펼쳐진다. 다음, 실제 게임에서도 책은 여전히 중요한 열쇠의 역할을 한다. 중앙 도서관의 서가에 놓인 책들은 다른 시대로 사용자를 안내하는 단서들을 감추고 있으며, 다른 시대로 건너가서도 끊임없이 책들을 참조해야만 게임의 문제를 풀어나갈 수 있다. 마지막으로, 사용자가 용케 게임의 대단원에까지 다다르게 된다면, 그는 미스트 섬의 창조자이자 수호신인 아르투스와 '얼굴을 맞대고' 만나게 될 터인데, 아르투스는 중앙 도서관의 바로 밑에 있는 지하실에서 책을 쓰고 있는 중이다. 바로 사용자가 게임을 풀어나가면서 거듭 참조하였던 바로 그 책들에 속할 또 하나의 책을!

그러니, '미스트'의 태초와 종말에 두루 책이 임재해 있다. 그뿐만이 아니다. 사용자가 매장에서 미스트를 사서 포장을 풀면 CD-ROM 타이틀과 간단한 설명서 그리고 내용이 비어 있는 한 권의 책을 만나게 된다. '미스트 저널'이라고 이름붙은 이 공책(空冊)은 사용자가 "관찰하고 생각한 것을 적으려는 꾸준한 노력"을 기울여야 할 책이다. 그리고, 미스트가 상업적인 성공을 거두자 그 내용을 활자로 옮긴 책을 히페리온 북스에서 출판하였는데, 그 책은 페이퍼 북이 아니라 비싼 양장본으로 이루어졌으며, 그 겉표지는 사진으로 모사된 의사 양피 가죽이고 속페이지들은 아주 오래된 책의 분위기를 풍기기 위해 의도적으로 누렇게 바랜 색깔의 종이를 사용하고 있다.

이쯤 되면, 책은 단순히 미스트의 열쇠거나 수호 천사 이상이다. 책은 미스트의 비밀이고 망령이며 미스트의 섬을 배회하는 내내 사용자의 머리를 들쑤시는 강박관념이다. 왜 책인가? 「후기 인쇄 시대에서의 '미스트'의 책들」의 필자가 착안한 것이 바로 이것이다. 지금, 책의 시대가 종말을 고하고 하이퍼텍스트가 막강한 얼터너티브로 등장한 시대에 왜 하필이면 책인가?

우선, 필자는 미스트가 일반적인 게임들과 달리 '하이퍼텍스트'의 양식을 철저히 따르고 있다는 데에 주목한다. 가령, '둠'과 같은 게임에서 사용자는 문제 해결을 위해 신속하고 기민하게 움직여야 한다. 그러지 않으면 적이 어느새 나타나 당신의 가슴에 총알을 박을 것이다. 그러나, '미스트'에서는 그런 초조감을 느끼지 않아도 된다. 사용자는 자유롭게 미스트 섬의 이곳저곳을 산책하듯 즐길 수 있다. 그리하여 미스트는 선형적이면서도 동시에 비선형적인 중층 구조를 갖는다. 섬의 신비를 풀어야 한다는 일정한 목적을 지니고 있다는 점에서 게임은 선형적 구조로 이루어져 있지만, 그 목적과 상관없이 자유롭게 섬의 공간들을, 시대들을 들락거릴 수 있다는 점에서 그것은 비선형적이다.

미스트의 비선형적 구조는 책이 내포하고 있는 선형성에 대한 힘찬 도전으로 이해될 수 있다. 책의 선형성은 그것이 하나의 진리를 품고 있으며(책의 원형은 『성경』『사서삼경』이다. 책은 '태초의 말씀'에 대한 되풀이된 기록이다), 그것은 '저자의 의도'로서 책에 암시되고, 독자는 그 의도를 해독해야 하는 임무를 부여받는다는 것을 뜻한다. 하이퍼텍스트의 양방향성과 무한 이동의 성격은 이 궁극적 진의에 대한 예속으로부터 독자를 풀어놓으며, 그를 단순히 의미의 해독자가 아니라 의미 구성의 참여자로 격상시킨다('미스트'의 공책은 바로 그 기능을 담당하고 있다). 그러니, 미스트를 두고 "독자의 전제에 대한 효과적인 저항"이고, 따라서 낡은 문화로부터의 해방이자, 사유의 자유를 실현할 실험대라고 찬양할 만하다.

앞에서 보았듯 그러나 책은, 다시 말해, 게임의 선형적 구조이자 낡은 시대의 끈질긴 잔존물인 그것은 게임의 단순한 방편이 아니다. 그것은 미스트의 강박관념이다. 이 게임을 만든 밀러 형제는 그 모델을 18세기 쥘 베른의『신비의 섬』에서 빌려왔다는 것을 반복해서 밝히고 있다. 책은 미스트가 도저히 벗어날 길 없는 영원한 배후이다. 하이퍼텍스트의 참 모습을 보여주고 있는 이 게임에 왜 이렇게 끈질긴 망령이 꿈을 어지럽히고 있는가?

아마도 지금까지의 소개만으로도 독자는 책과 하이퍼텍스트의 관계에 대한 다양하고도 재미있는 암시를 받을 수 있을 것이다. 그렇다는 가정을 핑계, 빌미 그리고 위안으로 삼아, 나는 일단 여기에서 멈추려고 한다.　　　　　〔1997. 4〕

컴퓨터식 사유에는 조사가 없다

우리말이 들어 있는 프로그램을 사용하다 보면 가끔 실소를 흘릴 때가 있다. 특히 더빙된 외국산 게임 소프트웨어를 가지고 놀 때 그러한데, 잘못된 문장이 간간이 박혀 있기 때문이다. 또 지금은 거의 눈에 띄지 않지만, 몇 년 전만 해도 컴퓨터 잡지에서 오자와 오문은, 특히 외국의 잡지를 베낀 흔적이 역력한 기사에서, 다반사로 나타나곤 했었다.

나는 한때 이것을 컴퓨터 관계 종사자들이 우리 글의 바른 사용에 대해 무지하거나 적어도 무관심하다는 데에 탓을 두곤 했었다. 그리고 물론 그것은 글쓰기 · 글 읽기를 생활화시키지 못하고 단답형 지식들을 강제로 주입시켜온 한국의 비정상적인 초 · 중등 교육에 더 깊은 원인이 있다고 생각하곤 하였다.

그러나, 나는 요 몇 달 전부터 희한한 사태에 직면하게 되었다. 그 희한한 사태가 무엇인고 하니, 남의 오문을 탓하던 나의 원고에 언제부턴가 오문들이 송충이처럼 끼여들기 시작했다는 것이다. 그리고 그것은 평소에 '글에 목숨을 걸었노라' 어쩌구 하면서 글쟁이가 된 걸 자랑거리라도 되는 양 자기 현시를 일삼았으며, 어쩌다 소설에서 오문을 발견하면 작가를 가차없이 매도해온 터에 여간 민망한 일이 아니었다. 원고를 발송한 후에 뒤늦게 오문을 발견하고 부랴부랴 편집자에게 전화를 걸어 법석을 떨거나, 연락이 제대로 안 되면 교정 담당자가 제발 집어내주길 속수무책으로 바라게 되었고, 그보다 더 심하게, 나중에 출판된 글을 읽으면서 비로소 문제를 발견했을 때면 정말 낯이 후끈거려서 얼굴을 화덕으로 강냉이를 튀겨도 될 지경에 이르기도 하였다.

그러다 보니, 변명의 욕구가 발동되지 않을 수 없었던 바, 나는 이런 예기치 않은 사태가 어떻게 시작된 것일까에 대해 연구에 연구를 거듭하게 되었다. 마침내 한 가지 단서를 발견했는데, 그것은 나이가 들어서 눈이 침침해져서도 아니고, 시간에 쫓겨서도 아니었다. 그 원인은 아주 엉뚱한 곳에 있었는데. 바로, 컴퓨터 속의 원고는 수정이 용이하다는 것, 그것이 나에게 망신을 준 주범이었다. 가령, 내가 "공심씨는 헌칠씨의 꿈을 막고 싶지 않았다"라고 우선 썼다고 하자. 그리고는 한참 글을 이어나가다가 아까의 그 문장에 좀더 태깔 있는 표현을 주고 싶어진다. 그래서 "막고 싶지 않았다"를 "날개를 달아주고 싶었다"로 바꾼다. 그래서 수정의 결과 "공심씨는 헌칠씨의 꿈을 날개를 달아주고 싶었다"라는 최종의 문장이 완성된다. 그리고 나는 건너왔던 자리로 즐겁게 이동한다. 내가 방금 명백한 오문 하나를 싸질렀다는 사실을 짐작조차 못 한 채로.

변명의 욕망이 강할수록 나의 오문 연구는 더욱 심화되었고, 마침내 좀더 근본적인 원인을 발견하게 되었다. 최근 들어 내가 오문을 남발하게 된 까닭은 컴퓨터가 원고 수정을 용이케 한다는 사실에 있다기보다 그에 반비례해 문맥을 등한시하게 되었다는 점에 있었다. 위 문장의 오류는 표현을 바꾸면서 앞에 놓인 조사도 마저 점검해야 한다는 것을 내가 생각하지 못했기 때문에 일어났던 것이다. 다시 말해 문장의 맥락을 고려하지 않았던 것이다.

그리하여 나의 「오문 발생에 두뇌 주름과 안구 운동과 손가락 굴절이 끼친 영향에 관한 심리학적 연구」는 컴퓨터로 쓴 원고와 펜으로 쓴 원고 사이에 심각한 차이가 존재한다는 결론으로 나아간다. 펜으로 쓴 원고는 줄글이 가진 완강한 선형적 속성이 맥락과 일관성을 강조한다면, 수정이라는 비선형적 운동이 용이한 전자에서는 글의 각 단편들의 자율과 상관성이 강조되고, 따라서 맥락적 글쓰기로부터 조합적 글쓰기로 나아간다. 그리고 이 결론을 보충하기 위해 컴퓨터 일반의 문제에서 근거를 찾는다. C++ 이래 컴퓨터 프로그래밍에서도 각 프로시저 *procedure*를 독립적인 객체로 다루기 시작하였고, 그것이 프로그래밍을 보다 효율적이게끔 해주지 않는가? 절차 *method*와 데이터를 동시에 품고 있는 클래스 *class* 개념이야말로 프로그램의 각 부분들을 중앙 통제부로부터 뻗어나가는 말단 기제로서가 아니라 저마다 고유한 자율성을 가지며 다발을 이루는 독립 모듈 *module*들로 만들어주는 게 아닌가? 이 모듈들 사이를 연결하는 하나의 조사는 없는 것이다. 관계의 다양성과 가변성을 위해 그것들 사이에는 오직 유동적이고 물컹물컹한 윤활유(연결 효율 가치)만이 흐르는 것이다.

이렇게 대변론을 완성했는데 이상하게도 찜찜한 기분이다. 글은 역시 글인 것이다. 내가 도구의 변화에 따른 사유의 변화를 역설한다 해서 틀린 문장이 바른 문장으로 바뀌지는 않는다. 이 변론에도 혹시 오문이 발생하지는 않았을까? 그래서, 요즘의 시끄러운 어느 피의자의 변명처럼 횡설수설로 들리지나 않을까?   〔1997. 5〕

자국들

문학의 크메르 루즈
—— 컴퓨터 문학의 현황

I. 컴퓨터 문학이 관심사가 되는 까닭

통신망 문학, 좀더 정확하게 말해, 대체로 퍼스널 컴퓨터를 단말기로 해서 유통되는 통신망 속의 문학을 포함하여 컴퓨터를 이용한 일체의 문학 활동을 사람들은 흔히 컴퓨터 문학 혹은 'PC 문학'이라고 부른다는 것을 나는 최근에 알았다. 컴퓨터 문학이란 정확한 용어는 아니다. 하지만 그럼에도 불구하고 그 용어는 끄는 힘을 가지고 있다. 그것은 지난 10년 동안 퍼스널 컴퓨터가 우리의 일상 생활에 가져다준 괄목할 만한 변화 때문이다. 1970년대말 서울대학교에 방학중의 특별 강좌 형식으로 컴퓨터 교육 과정이 개설되었을 때만해도 세상이 이렇게 급격히 달라질 줄을 예견한 사람은 별로없었다. 그러나 1980년대에 8비트 애플 컴퓨터와 MSX, SPC-1000이 호기심 많고 새로운 오락을 즐기는 학생들을 통해 확산되기 시작하였고, 1988년경부터 16비트 IBM PC 호환 기종이 본격적으로 보급되자 컴퓨터는 문자 그대로 사무기기의

'총아'로 자리잡게 되었다. 총아인지 괴물인지 알 수 없지만, 어쨌든 그것은 컴퓨터가 그전에 펜과 노트와 주판이 차지하고 있던 자리를 대신하게 되었다는 것을 의미했다. 그것은 엄청난 혁명이었으며, 그 혁명은 한창 진행중이다.

그 혁명을 촉발시킨 것은 전산 과학의 발전 그 자체라기보다 퍼스널 컴퓨터의 '발명'이라고 보는 것이 타당할 것이다. 흔히 PC 제2세대라고 불리는 스티브 잡스와 스티브 워즈니악이 1977년 8비트 애플 컴퓨터를 개발한 것이 새로운 문명의 기기를 개인들의 손아귀에 쥐어준 첫 사건이었다(물론 그 이전에 이미 몇 종류의 PC가 선을 보였다. 하지만, 퍼스널 컴퓨터의 수요를 폭발시킨 것은 애플 II 컴퓨터이다. 흔히 인용하는 일화를 다시 들자면, 스티브 잡스는 그해 『타임』지의 표지 인물이 되었다). 그것은 문명사의 대전환의 씨앗이 될 것이었다. 새로운 문명은 본질적으로 탈개인적인 것인데, 퍼스널 컴퓨터를 통해 드디어 그것이 개인주의 세계의 일상 속으로 파고들 수 있게 된 계기를 이루었던 것이다. 근대라는 이름의 개인 신화의 시대에서 가장 편리한 도구는 개인과 도구의 유사성을 보증해주는 것이라고 한 철학자는 말한 바 있는데, 퍼스널 컴퓨터는 바로 그 점에서 늙은 문명의 끈질긴 감각 체계에 새 문명을 접목하는 데 성공하였던 것이다.

그러나, 그곳에 행복한 결합만이 있는 것은 아니다. 소연령층 사용자가 퍼스널 컴퓨터를 놀이 기구로 생각했다면, 지식인들은 그것을 무엇보다도 편리한 도구로 생각하였다. 그 것이 처음 워드 프로세서로부터 시작하였다는 것은 대표적인 증거이다. 그것은 썩 훌륭한 타자기였던 것이다. 그러나 실제 그것은 도구 이상이었다. 그것은 문자 문화와는 전혀 다른 약호 체계를 통해 움직이는 것이었고 새로운 몸의 자세를 요구하는 것이었다. 민족어에 뿌리내리고 있는 문자와 달리 비트는 어떠한 역사적 경험도 인각하고 있지 않았다. 그 것은 0과 1 혹은 음/양이라는 전위의 조합으로만 이루어진 것이었다. 또한 펜을 쥐고 종이를 내려다보는 사람과는 다르게 컴퓨터를 앞에 놓은 사람은 양손의 손가락을 풀고 화면과 정면으로 응시하거나 때로는 올려다봐야 한다. 사람들의 몸은 전혀 낯선 경험과 맞닥뜨렸다.

실제로 특히 문자 문화에 익숙한 식자들을 당황하게 한 것은 그 몸의 경험이었을 것이다. 어느 날 컴퓨터를 켰더니 파일이 날라가버렸다. 찢지도 태우지도 않았는데 말이다! 화면은 기분 나쁘게도 나를 빤히 쳐다보고 있다. 본체는 계속 웅웅거리고 오래 쳐다보면 눈이 화끈거리고 머리가 욱신댄다. 그러니까 그것은 도구가 아니라 괴상망측한 생물이었다. 여태껏 알려진 바가 없는 에일리언이었다. 그로부터 컴퓨터에 대한 공포가 광범위하게 퍼져 흐른다.

그러나, 퍼스널 컴퓨터는 그의 괴물적 속성을 잘 감출 줄을 알았다. 본래의 코드가 어떻게 작동하든 이상한 기계어가 화면 앞으로 튀어나오는 일은 좀처럼 없었다. 펜 글씨보다 아름다운 서체와 그림에 소리까지 곁들여 멋지게 편집된 문자 구성물을 신속하게 만들어낼 수 있다는 것이 컴퓨터의 약속이었고 그것은 실제로 눈앞에 실현되었다. 찬탄이 공포를 앞질러가고 있었다. 인간이 만든 것인 한, 컴퓨터는 어쨌든 인간의 복리를 위한 것이었고 찬란한 문명 세계를 보장해주는 것이었다. 사람들은 한편으로 두렵고 한편으로 신기했다. '컴퓨터'라는 짧은 단어에는 도래할 미래에 대한 모든 찬탄과 경외와 공포가 넘쳐흐른다.

아무튼 그렇게 해서 컴퓨터와 낡은 문화는 공생하기 시작하였다. 새 문명은 낡은 문화의 신화를 이용하고 낡은 문화는 새 문명의 편리를 누리려고 한다. 옛날의 지식인들은 다투어 컴퓨터를 익히고, 내일의 기술자들은 문명의 항로를 옛사람들이 원하는 방향으로 선회시킨다. 하지만 근본적인 불화는 은폐된 채로이다. 그로부터 특이한 문화가 탄생한다. 두 개의 극단이 하나로 만난다. 이를테면, 지금 한글 운동을 가장 열렬하게 전개하고 있는 장소는 통신망 속이다. 일종의 아이러니이다. 가장 탈민족적인 기제가 가장 민족적인 대의를 위해 봉사한다(물론, 여기에는 세계 산업에 직면한 한국 컴퓨터인들의 특별한 사정도 고려되어야 한다. 그러나 그것이 전부는 아니다. 세계의 어느 컴퓨터 잡지의 광고를 보아도, 하나의 '개별체' — 개인 · 민족 · 국가…… — 를 위해 봉사하지 않는 컴퓨터는 없다). 이 아이러니를 의식하든 안 하든 그 특이한 문화는 단순히 모순적 결합체인 것만은 아니다. 탈개인적인 것과 개인적인 것은 만나서 다양한 양상의 통개인적인 문화를 만들어내고 있다. 그 문화는 성찰의 대상이지 성토의 대상이 아니라는 얘기다. 한편에 개인주의 신화를 알리바이로 내세운 전체주의적 세계(헉슬리의 『멋진 신세계』는 그것을 가장 요약적으로 예언하였다)가 가능할 수 있다면, 다른 한편엔 전체화의 방향에 저항하는 새로운 개인(?)들의 시민 운동이 있을 수 있다(리처드 스톨맨이 주창한 GNU 프로젝트는 현재 가장 의식적으로 전개되고 있는 운동이다).

II. 컴퓨터 문학의 발생

컴퓨터 문학이 정확한 용어가 아니라는 것은 컴퓨터 그래픽과 그것을 비교하면 비교적 명료해진다. 컴퓨터 그래픽은 컴퓨터의 본래적 기능을 이용하여 만들어낸 새로운 장르의 이미지 예술이다. 그것은 재래의 이미지 예술이 만들 수 없던 새로운 것을 가능케 하며, 근본적으로 다른 성격의 이미지를 탄생시킨다. 그러나, 컴퓨터의 본래적 기능을 이용해서 문학에서 얻어낼 것이 있을까? 오래도록 문화의 중앙을 차지해왔던 문학의 역사는 그것에 아주 완강한 속성을 뿌리깊이 심어놓았으며, 그것은 컴퓨터의 정향과 근본적으로 화해할 수 없는 듯이 보인다. 그것은 양자가 서로 다른 약호 체계를 매질로 삼고 있으며, 그 매질로부터 전혀 상이한 체제와 전망이 각각 세워진다는 것을 뜻한다. 민족어를 근간으로 하는 문학이 개인의 신화를 꿈꾸고 있다면 이진 부호로 이루어지는 컴퓨터는 개인의 차이를 분쇄하며, 전자가 깊이를 이룬다면, 후자는 넓이를 확대하고, 문학이 점착적이라면 컴퓨터는 휘발적인 것이다.

그렇다면, 컴퓨터 문학이란 불가능하단 말인가? 그러나 그것은 이미 실재한다. 실재할 뿐만 아니라 바오밥나무처럼 번식하고 있다. 그렇다면, 도대체 그게 도대체 무엇이며 어떻게 그럴 수 있단 말인가? 여기에서 컴퓨터 문학의 범위를 정해보는 것은 당연한 순서일 것이다. 단순히 컴퓨터를 '이용한' 문학이 우선 있을 수 있다. 가령 펜 대신 워드 프로세서를 사용하여 원고를 작성하는 경우이다. 그러나, 그것을 컴퓨터 문학이라고 사람들은 말하지 않을 것이다. 물론 컴퓨터를 사용할 때와 펜을 사용할 때의 생산되는 글의 차이는 분명히 있을 것이다. 그러나 그것은 글쓰는 사람 각각의 개인적인 편차 때문에 아주 다양하게 나타날 수 있다. 실로, 컴퓨터가 글쓰기에 미치는 직접적 효과에 대한 이야기들은 컴퓨터를 이용한 후 글이 짧아지고 정돈되었다는 경험담(왜냐하면, 수정이 용이하기 때문에)과 오히려 거꾸로 글이 불필요하게 길어진다는 주장(얼핏 무시될 수 있을 듯하지만 실제 그렇지 않은 게 화면의 제약이다. 현재 텍스트 모드나 일반 VGA의

640×480의 해상도에서 한 화면에서 표현되는 글자의 수는 가로 80자(한글의 경우 40자), 세로 25줄이다. 그래픽 환경의 워드 프로세서에서 SVGA의 1024×768로 해상도를 늘려 사용할 경우에는 1.5배 이상의 글자를 한 화면에 표현할 수 있다. 그러나, 요즘 일반적으로 사용되는 14인치 모니터에서는 글씨가 너무 작아 알아보기가 힘들다. 때문에 현재의 화면에선 약간의 긴 시도 다 들어가지 못한다. 더욱 결정적인 것은 컴퓨터의 화면은 종이처럼 한꺼번에 늘어놓지 못한다는 것이다. 그 때문에 글의 전체적인 구성과 맥락을 종종 놓치게 된다), 또는 사고가 집중된다든가, 그 반대로 산만해진다든가 등등의 완전히 상반되는 주장들로 범벅을 이룬다. 좀 단순화시켜 말해, 워드 프로세서를 이용하는가 펜을 사용하는가의 차이는 아침에 글을 쓰는가, 한밤중에 글을 쓰는가의 차이와 구조적으로 크게 다를 게 없다.

다음으로 컴퓨터만으로 가능한 문학 활동이 있을 수 있다. 한편으로는 컴퓨터와 통신망이 제공하는 방대한 자료 구축 및 검색 시스템을 동원한 혼성 교차의 문학이 가능할 수 있다. 연전에 외국의 한 작가가 그런 시도를 했다는 기사가 발표된 적이 있는데, 하지만, 한 편의 완성된 작품으로 탄생했는지의 여부는 불확실하다. 아마도 아직까지는 자료 시스템을 '활용'하는 수준에 머무르고 있다고 판단하는 게 타당할 것이다. 그런 의미에서 그것은 컴퓨터의 도움을 받는 문학 활동이지 컴퓨터만으로 가능한 문학 활동은 아니다. 다른 한 편으로는 문자와 동영상(動映像)과 음향이 한데로 겹치는 하 이퍼미디어에 뒷받침된 문학 활동, 그리고 계통적 가지를 이 루면서 분산적 조응과 이질적 확산의 형태를 이루어나가는 하이퍼텍스트의 문학이 출현할 수 있을 것이다. 그러나 이 역시 아직은 학술적 탐구 혹은 말꼬리 이어가기 수준의 저급 한 형태로 이제 겨우 가능성의 문턱을 다지고 있을 뿐이며, 한국의 경우는 더욱더 그렇다. 게다가 하이퍼미디어에 여전 히 '문학'이라는 이름을 부여할 수 있는지에 대해서는 좀더 깊은 논의가 필요하다. 문학의 '문,' 그리고 literature의 어원 을 구성하는 라틴어 'littera'는 문학이 언어(더 좁혀, 문자)를 중심 매체로 삼는다는 뜻을 포함하고 있다. 하이퍼미디어에 는 그러한 중심 매질이 존재하지 않는다. 중심 매체가 붕괴 된 문화적 장르에 대해, 단순히 언어가 그 안에 포함되었다 는 이유만으로, 문학이라고 이름할 수가 있을까? 차라리 새로운 장르의 탄생에 대해서 말하는 것이 더 생산적일 것 이다.

아직까지는, 완연히 새로운 문학의 탄생에 대해서 말하기 보다는, 컴퓨터와 문학이 제 본래의 육체적·정신적 성격을 그대로 간직한 채로 결합하면서 알게모르게 출현시키고 있 는 문화적 기미들을 살펴보는 것이 유용할 것이다. 다시 말 해, 새로운 문명 공간 내 문학 활동들의 존재 양태와 그것의 의미를 물어보는 일이 선행될 필요가 있으리라는 것이다.

새로운 문명 속의 문학 활동은 크게 두 가지 방식으로 존재한다. 하나는 CD-ROM 등을 이용한 전자 북을 말하는데, 그것은 한국에서 이제 시작 단계에 있으며 궁극적으로는 멀티미디어 문화의 발달을 촉진하면서 앞에서 말한 바와 같은 문학과 새 문명 사이의 조합과 새로운 문학의 가능성을 계속 실험해나갈 것이다. 다른 하나는 지금 이곳에서 활발히 전개되고 있는 것으로서 전자 통신망을 통해 유통되는 문학 활동을 말하며, 바로 그것이 컴퓨터 문학의 오늘의 모습을 실제적으로 보여주고 있다고 할 수 있다.

그런데 이 통신망 속의 문학에 전혀 예기치 못한 새로운 문학 활동이 나타나고 있는 것이며, 이 점에서 우리는 컴퓨터 문학에 대해서 말할 수 있는 계기를 만나는 것이다.

통신망이 처음 만들어질 때의 의도는 고속도로를 만드는 것과 다를 바가 없었다. 통신망이 설치된 모든 곳의 정보를 신속하게 모으고 나누고 활용하는 것이다. 엘 고어가 제창하여 전세계에 파급되고 있는 '정보 고속도로'는 그러한 의도를 가장 선명하게 보여주는 예이다. 그러나, 그러한 국가(혹은 세계) 관리 기구의 의도와 관계없이, 혹은 그것을 넘어서, 아주 새로운 현상이 통신망 그 자체의 구조로부터 발생하였다. 그 현상은 기본적으로 구성원들간의 관계에 집중적으로 나타나는데, 그곳의 성원은 '이름은 나타나지만, 신원은 나타나지 않는다'는 데에 그 핵심이 있다. 통신망에 등록된 사용자는 저마다 고유한 ID를 부여받으며 그곳에 글을 올리거나 대화를 할 때면 그 이름과 ID가 나란히 표시된다. 그 이름과 ID는 통신망 속의 성원이 하나하나의 독립된 개인이라는 것을 지시한다. 알튀세르식으로 말하면, 그렇게 통신망은 구성원들을 '호명'한다. 사용자는 그것을 통해서 자신의 자유와 책임을 동시에 부여받는다. 그 점에서 통신망은 고대 시민 국가의 광장과도 같다. 그러나, 그 이름과 ID는 어떠한 개인사의 흔적도 보여주지 않는다. 그것은 사용자가 10대인지 60대인지, 결혼을 했는지 안 했는지, 부유한지 가난한지 전혀 가르쳐주지 않는다. 그 구조적 문제는 불가피하게 통신망 속의 호칭을 무조건 '님'으로 통일시키는, 어색하지만 따르지 않을 수 없는 거의 자연 발생적인 합의를 낳는다. 그 점에서 통신망은 익명성이 지배하는 시장과 같다.

이 광장적인 것과 시장적인 것의 특이한 결합은 다시 한번 새 문명이 낡은 세계에 뿌리내리는 기본 방식을 환기시켜주는데, 그것은 통신망 속의 모든 공간에 무차별하게 적용된다. 나이 든 사람들을 위한 '원로방'이나 어린이를 위한 '꿈동산,' 혹은 주부 동호회처럼 특별한 신원을 표지하는 공간들도 예외가 아니다. 그 하나의 표지만을 제외하고는, 아니, 그 표지 덕분에, 다른 것들은 몽땅 감추어짐으로써 원로는 원로의 가면을, 아동은 아동의 가면을 쓰고 유령처럼 그 공간을 자유롭게 들락거릴 수 있기 때문이다. 통신망 내의 가장 이질적인 장소인 문학란에도 그 원칙(?)은 어김없이 작동한다.

이러한 원칙은 문학의 육체적 움직임을 비꿋거리게 만든다. 고전적인 개념으로서의 소설은 확실한 신원을 가진 주인공의 일관된 일대기로서 간주되고 그렇게 수용되어왔다. 로브-그리예가 '발자크적 소설'이라고 명명한 그러한 고전적 소설에 대한 현대소설들의 반란의 역사는 그러한 신원의 확실성과 줄거리의 일관성을 해체시키기 위한 지속적인 모험으로 점철되어 있다. 그러나, 그러한 전위적 문학의 전복과 파괴의 시도에도 불구하고 문학의 재래적인 원칙, 그리고 그것에 뒷받침된 개인주의적 환상은 일반적 문학 공간 내에서 어김없이 관철되어왔다. 그리고 그것은 문학 내적 원칙에 국한된 것이 아니다. 그것은 문학 작품을 둘러싼 생산자와 수용자, 즉 작가와 독자 사이에도 그대로 적용되어왔다. 즉 그 둘 사이의 독서 행위는 개별적 변별성을 확보하고 있는 두 개인의 만남의 행위로 나타났으며, 그것이 이른바 문학적 감동의 현상학에 대한 기본 골격을 이루고 있는 것이다.

이러한데도 통신망 속에 '문학'이 필요하다면, 그것은 왜일까? 새 문명이 그의 체질과 들어맞는 것들만을 수용한다면, 문학란 같은 것은 존재할 필요가 없을 것이다. 효용이 최우선시되는 공간에서 도저히 써먹을 데가 없는 문학 나부랭

이가 끼여들 자리는 없는 것이다. 또한, 개인의 변별성을 분쇄하는 토양에서 문학은 정상적인 신진 대사를 하기가 어려운 것이다. 그러나, 새 문명이 일상에 뿌리내리기 위해 낡은 신화를 이용하였듯이, 새 문명은 낡은 세계의 모든 것을 흡수한다. 새 문명은 몇몇 사람들, 특별한 집단을 위한 문명이 아니라, 만인의 행복을 확대하는 것이며, 당연히 옛날의 모든 유산은 버려질 것이 아니라 거두어질 것이기 때문이다. 개인주의 시대의 신화에 속하는 '문학'은 무시되기는커녕 오히려 새 문명이 공략할 가장 효용 가치가 높은 분야가 된다. 그것은 새 문명이 얼마나 개인들의 행복을 위해 존재하는지를 선명하게 가리켜 보여주는 증거인 것이다. 바로 여기에서 새 문명은 개인을 말소시키는 것이 아니라 '은폐'한다는, 그 사회학적 특성이 어김없이 나타난다. 새 문명은 익명성 위에서 성장하는 것이 아니라, 저마다 개인성의 욕망으로 들끓는 동색의 바다, 즉 익명화된 광장성 위에서 확대 재생산된다. 그리고 문학은 바로 그러한 새 문명의 사회적 전략을 가장 잘 엄호해줄 지원 화기로서 발탁되는 것이다. 다른 곳들보다도 문학란이 특별 대접을 받는 것은 그 때문이다. 취미와 여가를 다루는 곳에서 전문가들이 계획적으로 초빙되는 곳은 문학란밖에 없다. 물론 전문가들은 어느 곳에나 있다. 그러나, 다른 곳에서의 전문가들이 자신의, 혹은, 그 분야의 광고와 발전을 위해 있다면, 문학란에 참여하는 전문가들은 통신망의 광고와 발전을 위해 존재한다. 그러한 사정의 희한한 여파로서 한 가지 재미있는 일화를 소개한다면, 하이텔 문학관 내의 '작가와 함께'란에 어느 사용자가 올린 글은 통신망에 작품을 올리는 작가라면 당연히 통신을 할 줄 알아야 하는데 왜 "비통신 작가만 글을 올리는가" 하고 자못 분개를 했던 것이다. 그러나 실제로 작가는 그럴 이유가 없는 것이다. 통신망이 의도하는 것은 통신망만이 만들어낼 수 있는 새로운 문학도 아니고, 통신을 하는 작가들의 문학 모임도 아니라, 문학 그 자체의 쓰임새이다. 낡은 시대의 절정에 속하는 문화가 그 자체로서 새 문명의 요람지인 이곳에서 얼마나 화해롭게 공존할 수 있는가를 보여주려는 것인 것이다. 이 통신망 특유의 자동적(조직적인, 그러나 무의식적인) 전략을 일종의 순수 목적으로 착각한 데서 위와 같은 해프닝이 발생한 것이다.

Ⅲ. 컴퓨터 문학의 구조적 성격

그렇게 컴퓨터 문학은 실재하게 되었다. 하지만 문학 그 자체의 쓰임새를 통신망이 활용하고자 한다고 해서, 종래의 문학이 그대로 통신망 안에 재현된다고 생각한다면 오해이다. 통신망은 문학 활동에 대한 재래적 합의를 근본적으로 넘어선다. 가장 결정적인 차이는 문학 공간에의 참여에 대한 완전한 자유일 것이다. 통신망에 등록된 사용자라면 누구나 그곳에 자신의 시, 문학관, 작품평을 실을 수 있다. 신춘문예나 문예지 추천을 받을 일도 없으며, 편집인의 눈에 들 필요도 없다. 문인과 비문인을 구분하는 기준은 실질적으로 폐기된다. 기성 문인들에게 가장 곤혹스러울 일은 그 때문에 자신의 작품에 대한 온갖 비평(찬사로부터 험담에까지 이르는)을 직접 보아야 하는 일일 것이다. 다른 곳에서라면 그럴 일은 없다. 작품이 싫으면 안 사면 그만이고, 독자들끼리의 험담도 독자들 사이에서만 수군대지기만 할 뿐이다. 작가에게 '직접' 작품을 두고 감 놓았는지 사과 놓았는지 따지는 사람은 공인된 전문 독자들인 비평가와 간혹 출판인의 눈에 띈 독후감들뿐이다. 간혹 독자로부터의 편지가 작가에게 발송되지 않는 것은 아니지만, 그 통화는 궁극적으로 사적인 것이다. 즉 작가 개인과 독자 개인의 은밀한 만남만이 일어나는 것이다. 그러나, 통신망에서는 모든 것이 공개화된다. 바로 거기에 컴퓨터 문학 특유의 성질이 있다. 본래 문학 행위는 '사적인' 행위이다. 작가는 골방에 칩거해서 작품을 쓰며, 독자는 이불을 끌어안고 읽는다. 글쓰기와 글 읽기가 모두 그러하며, 그 쓰기와 읽기를 매개하는 시장은 익명성의 공간이기 때문에, 더욱 사적인 행위를 강화한다. 간혹 벌어지는 작가 사인회나 강연, 혹은 '이 주일의 베스트 셀러' 같은 것은 문학이 아니라 그것의 상업적·이념적 활용 같은 것이다. 그런데 그 문학의 원칙이 통신망에서는 폐기되는 것이다. 모든 글이 공개되고 모든 의견이 교환된다. 작가는 '이것도 소설이냐'는 작품에 대한 항의를 자신이 직접 보아야 할 뿐만 아니라 그것이 모든 사람들에게 읽힌다는 것을 목도해야 한다. 아마도 그는 인민 재판을 당하는 기분을 느낄 것이다. 문학 애호가는 누가 뭐라든 내 글을 실을 권리가 있다. 물론 그도 재판대 앞에 설 각오를 해야 하지만, 다행스럽게도 그의 글에는 전문 작가에 대한 것과는 다른 종류의 관심이 주어질 것이다. 문학에 문외한일수록, 어린 사람일수록 더 자유롭게 문학 공간에 참여할 수 있다. 동등한 자격으로. 문학이 본래 만인의 자유를 꿈꾸는 것이라면, 그 꿈이 정말 실현되는 것이다. 아주 이상한 형식으로이긴 하지만.

이 이상한 형식의 민주주의에 나는 '문화의 크메르 루즈'라는 이름을 붙이고 싶은데, 그렇다고 해서 그것이 곧바로 문화의 킬링 필드를 뜻하는 것은 아니다. 실제로 그것이 킬링 필드를 만들어낼 가능성이 아주 없는 것은 아니다. 그 공간의 특이한 익명성 때문이다. 모두가 독립된 개인이면서 모두의 신원이 감추어진다는 것, 그것은 자유를 최대한도로 가능케 하면서 그에 뒤따르는 책임을 면제해줄 수 있다. 사실 그것은 문학란뿐 아니라 통신망 내 전영역에서 야기되는 문제이기도 하다. 연전에 통신중의 욕설에 충격을 받은 한 여중학생의 자살은 그것이 밖으로 노출된 극단적 예에 속한다. 이러한 위험을 방지하기 위해 통신망 운영자들은 몇 가지 기준을 정하여 그 기준을 벗어나는 사용자는 등록을 취소하는 조처를 취하고 있다. 문학란에서 문제가 되는 것은 여기서부터이다. 통신망의 기준은 이른바 '공공 질서'를 유지하는 최소한의 선에서 그칠 수밖에 없으며, 전문적인 사항에까지 적용될 수는 없는 것이다. 그럴 때 아주 이상한 결과가 나타난다. 한편으로 공공 질서에 위배되지 않는 한 수준에 관계없이 모든 글들이 문학란에 자유롭게 등재될 수 있다. 문학인과 아마추어의 구별은 사실상 존재할 수 없기 때문이다. 아테네 사람들은 모두 시민이라는 것과 같은 의미로, 통신망의 '문학란'에 참여한 모든 사용자는 문학인이 된다. 그러나 다른 한편으로 그곳은 문학 외적인 기준에 종속된다. 상스런 말, 욕설 등이 포함된 작품은 그것의 문학적 수준이 뛰어나다는 합의가 있을 때라도 게재될 수가 없다. 가령, 출판 당시 식자공들의 집단 작업 거부 사태를 일으켰던 제임스 조이스의 『더블린 사람들』을 예로 들어보자. 그것은 우여곡절을 겪었긴 하지만 출판되었다. 그리고 그 이후 그 작품에 들어 있는 말못할 욕설과 비어가 다시 문제를 일으킨 적은 없었다. 궁극적으로 독서는 개인의 선택의 문제로 귀속되기 때문이다. 그러나 그와 같은 작품이 통신망 위에 오른다고 생각해보자. 그것은 적지 않은 물의를 지속적으로 야기할 것이다. 그곳은 사적인 장소가 아니라 공공의 장소이기 때문이다. 어린 아동도 임신한 여인도 퇴직한 교장 선생님도 모두 그 난에 들어갈 권리가 있기 때문이다.

　문제는 통신망 안의 문학은 본질적으로 문학적 기준에 의해 분별되기보다는 문학 외적인 기준에 의해 제약된다는 것이다. 더욱이 통신망도 하나의 산업 또는 권력이라는 것을 염두에 두어야 한다. 누구도 잘살기 위해서 운동하는 것이라면, 통신망도 그 자신을 확대·발전시키기 위한 방향으로 움직이고 있다. 때문에 통신망 관리 기구는 공공 질서라는 원칙적 기준만을 제시하고 나머지는 자유 방임의 상태로 두는 것이 아니다. 그 안에는 관리 기구 자체의 자동적인 욕망의 법칙이 작동한다. 실제 통신망 속의 문학은 세 지점의 상호 작용을 통해 불쑥불쑥 자라난다. 한쪽에 개인주의 시대의 신화가(모든 개인의 자유를 실현하는 것, 통신망 속의 문학은 그 한 증거물로 제시될 것이다) 궁극의 알리바이로 놓인다. 다른 점에 시민의 일반 의지가 놓인다(공공 질서와 안녕이라는 이름으로 제시될 것이다). 그리고 보이지 않는 곳에 통신망 자체의 상업적·정치적 전략이 놓인다. 이 세 지점은 평등한 것 같지만 실질적으로는 가려진 곳의 힘에 의해 좌우될 가능성이 가장 크다. 흔히 거론되는 중세의 세 신분이 궁극적으로 신분간의 불평등을 은폐하고 왕권의 강화를 목적으로 한 왕의 이데올로기였던 것과 마찬가지로, 통신망의 세 개의 지점은 통신망의 확대·발전을 목표로 하는 통신 산업의 이데올로기 기제로 기능할 가능성이 높은 것이다. 가령, 통신망 내의 문학란이 순수하게 통신망을 이용한 문학적 정보의 광범위하고 신속하며 자유로운 교환을 의도한다면, 그것이 무엇보다도 서둘러 할 일은 한국 문학에 관한 모든 정보들을 데이타베이스화하는 일이다. 그것이 통신망의 드러난 목적에 부응하고 또 문학을 위해서도 바람직한 일인 것이며, 또한 통신망만이 할 수 있는 일이기 때문이다. 그러나 그것을 시도하는 한국의 통신망은 아직 없다. 있다면, 출판사 혹은 서점 주문 서비스만이 있으며 얼마 전에 시도된 최근 잡지 목록 제공도 그것을 떠맡은 출판사의 사정 때문에 포기된 상태다. 왜 그것이 시도조차 되고 있지 않는가 하면 그것에서 영리를 발견할 수 없기 때문이다. 이른바 최종 심급에서 작용하는 것은 문화 사업도 인류의 복지도 아니다. 그것은 통신망 자체의 확대 욕망이다. 전자의 둘이 활의 양끝을 이룬다면, 활시위에 해당하는 것은 후자이다.

정말로 우리가 두려워해야 할 것은 그러한 킬링 필드이다. 만인의 자유를 보장함으로써 보이지 않는 기구의 통제에 만인을 묶어놓는 것 말이다.

그러나, 그러한 가능성의 반대편에는 통신망만이 이룰 수 있는 정반대의 가능성도 가정해볼 수 있다. 실질적인 문학의 민주화를 이루는 것 말이다. 기존의 문학 제도가 갖고 있는 모든 편견과 권위에서 해방되어 가능한 한 폭넓고 공정하게 문학에 대해 사유하고 토론할 수 있도록 하는 것은 통신망의

198

특권이 될 수 있다. 그러한 민주화를 향한 운동은 1980년대 초반 무크지, 장르 확산, 노래시 · 벽시 운동 등을 통해 뜨겁게 전개된 바 있다. 그러나 그것은 평범한 문인들을 양산한 채로 실패한 운동이었다. 그 운동의 담당자들은 그러한 문학의 민주주의를 가능케 해줄 물질적 토대를 찾지 못했기 때문이었다. 그래서, 일반적인 합의를 얻기보다는 각각의 동아리에서만 인정하는 작가 · 시인들이 평등하게 공적 문인으로서 대거 진출했던 것이다. 이제 그 움직임은 쇠퇴하고 대신 1990년대의 문학은 한편으로 종래의 문학주의를 고수하면서 고독한 작업을 계속해나가는 소수의 작가들이 존재하면서, 다른 한편으로 거대 소비 문화 시대에 편승한 상업적 작가들이 양산되고 있다. 그 문학 산업을 휩쓸고 있는 것은 언론 권력의 등에 업혀 활개를 치고 있는 광고와 선전, 즉 상업적 아지—프로이다. 다시 말해 풍문들이다. 통신망은 무엇보다도 그 풍문을 실제로 바꿀 수 있는 장치이다. 그곳은 규모와 속도를 확보하고 있으며, 똑같은 발언권을 가진 성원으로서 존재하는 사용자는 문화의 수동적 수용자가 아니라 능동적 활동가가 될 수 있다(문학 외적인 분야에서이긴 하지만, GNU 프로젝트의 추이는 이러한 가능성에 대한 가장 의미심장한 참조틀이 될 것이다).

IV. 컴퓨터 문학의 현황

아마도 천리안이나 하이텔이 기성 작가란과 아마추어란을 의도적으로 분리하고, 보다 적극적으로는 문학 자문 위원 제도를 도입하고 있는 것은 문학적 기준을 어느 정도 도입하여 통신망 내의 문학적 수준의 질을 제고하려는 의도에 의한 것일 것이다. 그것은 특히 하이텔의 경우 실질적인 효과를 보고 있다고 할 수 있다. 한창 활동중인 젊은 평론가들을 자문 위원으로 위촉함으로써 작가 선정과 '작품 비평'란에서 괄목할 만한 성과를 내고 있는 것이다.

그럼에도 불구하고 그러한 활동은 특정한 분야에만 국한되는 것이고 통신망 전반의 구조적 문제에까지 접근할 수가 없다. 문학 자문 위원 제도란 재래의 문학적 기구가 통신망 속에 적용된 결과라고 보아야 할 것이다. 그것은 재래적인 위계 질서가 그대로 통신망 안에 도입되었다는 것을 의미하며, 때문에 통신망 자체의 평등적 속성과 근본적인 모순 관계에 놓이지 않을 수 없다는 것을 말한다. 그래서 그 모순이 은폐된 채로 그 위계 질서를 강화할 때 예기치 않게 자신의 문학관만을 강제로 주입시키려는 새로운 형태의 문학 교사를 만들어내거나 아니면 스스로 자기 문학의 질을 애호가들의 수준으로 낮추는 한담객들을 만들어낼 수도 있다. 실제로 지금까지 통신망에 연재된 작품들은 작가들 본래의 수준에

못 미치는 경우가 많았다. 뛰어난 SF소설에 속하는 복거일의
『파란 달 아래』가 그래도 그 수준 하강을 의도적이고 의식적
으로 시도한 경우이고, 천리안에서 연재중인 신상성의 『가슴
찡한 이야기』가 고백의 진솔성에 의해서 최소한의 품격을 유
지하고 있을 뿐이다.

다행히도 현재의 자문 위원들이 문학의 의미에 대한 성찰
을 지속적으로 제공하면서 계몽의 욕망을 과다하게 노출하
지도 않고 말 그대로 자문의 한계에 머물러 활동을 하고 있
기 때문에 현재의 컴퓨터 문학은 비교적 활발하고 발전적으
로 전개되고 있다고 할 수 있다. 하지만, 그것이 컴퓨터 문학
의 전체를 포괄할 수 없다는 것은 앞에서 말한 그대로다.

실제의 적극적 가능성은 통신망을 통해 문학 활동을 하는
사용자 그 자신들에게 남겨진다. 사용자들에게는, 말한 대로
문학 참여자로서의 대단한 자유가 부여되고 있다. 자유란 누
가 뭐래도 좋은 것이다. 그들에게는 기존 문학 제도가 쌓아
놓은 권위와 편견에 가로막힘 없이 문학의 문이 활짝 열려
있는 것이다. 하지만, 아쉽게도 현재의 사용자 문학란, 특히
'작품란'은 감상과 흥미와 상식이 주조를 이루고 있다. 그것
들은 서점에 광범위하게 널려 있는 감상시들 그리고 무협지
들과 동질적이다. 다시 말해, 그곳에 실리는 작품들은 상당
부분 재래의 다른 공간에서 전개되고 있는 문학 애호가들의
활동과 다르지 않으며(그것은 최근에 종이책으로까지 출판된

인기 작품들에 대해서도 똑같이 적용될 수 있는 말이다), 다만 통신망이 허용하고 있는 규모와 자유에 의해서 그것들이 대량으로 쏟아지고 있다는 것이다. 그것은 현재의 컴퓨터 문학이 아직 그 자신의 존재론적 조건에 대한 의식적 성찰을 못하는 채로, 그것의 욕망을 수동적으로 방출하고 있다는 것을 의미한다. 그것은 문학의 본질에 대해 문의를 하는 것도 아니며, 문학의 현대적 존재론에 대해 성찰을 하고 있는 것도 아니며, 문학과 컴퓨터의 관계를 심각하게 캐는 것도 아니다. 또 하나 특징적인 것은 작품을 올리는 사람은 많지만, 기성 작가의 글에 대한 논의를 제외한다면, 사용자들의 작품에 대한, 감상적 수준을 넘어선, 상호 토론은 아주 드물다는 것이다. 좀더 정확하게 말해, 느낌의 교환은 많으나 분석적 논의는 적다.

왜 그럴까? 통신망 문학란의 비전문적 성격 때문에 불가피한 일일까? 혹은, 아직 통신망 문학란이 유년기에 속하기 때문일까? 어쩌면 이것은 아주 심각한 성찰을 요구하는 문제인지도 모른다. 다시 말해 그것은 구조적인 원인에 의한 것일 수도 있다. 통신망 특유의 익명적 광장성(혹은 광장적 익명성)이 개인을 없애는 것이 아니라 은폐한다는 것은 이미 말한 바와 같다. 그런데, 그 개인이 은폐되는 방식은 그 광장 안의 현존을 통해서이다. 광장 안에 실존할 때만 은폐될 수 있다는 말이다. 그곳에 존재해 있지 않으면 그 사용자는 이미 통신망 외부에 위치하게 되고, 따라서 은폐될 가능성도, 까닭도 사라져버린다. 바로 이러한 현존성은 은폐가 본래 내포하고 있던 고유한 성질, 즉 여백과 깊이를 불가능하게 만든다. 혼자만의 공간에 칩거해 깊이 생각해볼 여유를 갖지 못하는 것이다(이것은 컴퓨터 게임에도 똑같이 적용될 수 있다. 얼핏 생각하기에 컴퓨터 게임은 게임 행위자를 사회로부터 고립시키는 것처럼 보인다. 그러나, 주목해야 할 것은 게임의 방식과 목표, 그리고 힌트는 이미 주어져 있으며, 게임 행위자는 그것의 규약에 완벽히 예속되어 있다는 것이다. 그리고 게임이란 단순히 놀이가 아니라 사회의 특이한 모의인 것이다. 둠류의 폭력적 아케이드, 프린세스 메이커나 심시티 등의 구성 게임, 삼국지류의 시뮬레이션이 인기를 끄는 것은 그것들이 사회적 의미로 포화되어 있기 때문이다. 그 모형 사회 앞에 게임 행위자는 끊임없이 호출당한다. 그 호출을 거부한다면, 혹은 게임의 규칙을 바꾸려면, 그는 게임에서 지거나 그것을 포기해야 한다). 바로 그것이 통신망 안의 문학 논의를 느낌 표출과 소란의 수준에 머물게 하면서 분석과 성찰의 영역을 제한하는 근본적인 원인일 수도 있다.

이러한 진술이 일말의 타당성을 갖고 있다면, 그것은 새 문명이 고전적 문화와는 달리 안과 밖의 넘나듦을 구조적으로 통제한다는 것을 뜻한다. 고전적인 문화적 행위에서 그 넘나듦이 비교적 자유로웠다면, 그것은 문화 구성분들 각각의 변별성이 허용되었기 때문이다. 그러나, 통신망 혹은 컴퓨터 공간에서는 안팎의 구도보다는 단절의 구도가 더 두드러진다. 즉 그 안과 밖에 위치하는 게 아니라, 그것으로부터 소외되거나 몰입해야 한다는 것이다. 때문에, 그 단절의 장벽을 넘어서기 위해서는, 새 문명의 '사용자'는 어느 때보다도 더 의식적으로 반-사용자가 되기를 시도할 필요가 있을 것이다. 통신망 문학을 포함한 컴퓨터 문화 전반에 대한 '밖으로부터의 성찰'이 하나의 의식적 기획으로서 제시되어야 한다는 것이다. 그것은 고전적 문화의 본성으로 새 문명을 다시 재구성해본다는 것을 뜻한다. 새 문명이 낡은 문화를 포섭한 것이 통신망 문학의 발생학이라면, 그렇게 포섭당한 낡은 문화가 새 문명의 틈새들로 작용하는 것으로부터 통신망 문학의 존재론이 출발해야 한다는 것이다. 물론 그 존재론의 범위와 가능성은 새 문명이 마련해준 존재적 조건하에서만 가능하다. 그 특유의 익명적 광장성을 문학은 통신망 내에서 도저히 벗어날 수 없으며, 단지 그것을 뱀처럼 휘감으며 나아갈 수만 있을 뿐인 것이다.

여기에서, 통신망 속의 문학이 그 어느 공간의 문학보다도 민주적 성격을 가지고 있다는 것을 다시 한번 강조해야겠다. 남자는 여자 하기 나름이라지만, 이 말처럼 오늘의 컴퓨터 문학에 적절한 격언도 없다. 그 '하기 나름'을 가능케 하는 자유를 컴퓨터 문학 참여자들은 확보하고 있기 때문이다. 그렇다고 해서 그 자유에 뒤따르는 책임을 가져야 한다는 얘기가 아니다. 문제가 되는 것은 그 자유의 뒤에서 알게 모르게 움직이고 있는 자동적 통제 장치의 조절끈이다. 당신에게 주어진 자유가 실제의 자유가 아니라, 자유의 알리바이라면? 당신이 한때의 애상을 과시하고 순간의 흥미를 맛보기 위해 통신망을 이용하는 그만큼 그것의 그물이 더욱 질겨지고 촘촘해진다면? 컴퓨터 문학의 사용자들이 근본적으로 제기해야 하는 물음은 그런 물음이다. 새로운 문명(컴퓨터)과 낡은 문화(문학)는, 구조적으로 불일치함에도 불구하고, 왜 만나는가? 어떻게 만날 때 그것은 바람직한 만남이 될 수 있는가? 그것은 새 문명 사회에 어떤 양상으로 드러날 것이고 어떤 역할을 할 수 있는가? 문학에 대한 문이 사용자들에게 활짝 열려 있는 것처럼, 그러한 근원적 문제에 대한 물음도 사용자들에게 활짝 열려 있다. 자유에 뒤따르는 책임이 중요한 것이 아니라 자유의 조건에 대한 성찰이 중요한 것이다. 그 성찰이 끈질기게 지속될 때 그것은 사용자의 자유를 정말 자유케 할 것이다.

〔1994. 7〕

영도(零度)의 공간, 유형(有形)의 체제들[1]

　권성우씨의 글을 읽으며 나는 연전에 PC 통신 문학에 대해 내가 내렸던 우려 섞인 진단이 이젠 좀더 낙관적인 조명에 의해 수정될 수 있게 되었음을 느끼며 즐거웠다. 발제자의 현황 보고를 그대로 접수한다면(나 자신 그것을 직접 확인했던 바인데), 통신망 안에 수준 높은 문학·문화 비평들이 출현하고 있을 뿐만 아니라, 통신망 문학의 성격과 가능성에 대한 아주 다양한 토론은 이제 이 신생의 문화 공간이 스스로의 존재 의미를 성찰하기 시작했음을 알리고 있다.

---

1) 이 글과 다음의 「뉴미디어 문화의 엉덩이」는 다른 분의 발제에 대한 질의의 형식으로 씌어진 글이다. 각각, 전자는 권성우씨의 「PC 통신과 비평의 역할」(하이텔 문학관 5주년 기념 심포지엄 'PC 통신 문학의 현황과 전망'[1997. 5])에 대한 것이며, 후자는, 강내희 교수의 「뉴미디어 시대의 문학」(문화체육부·학술진흥재단 주최 심포지엄, '뉴미디어 시대의 문화 정책'[1995. 10])에 대한 것이다. 글 안에 원본에 대한 충분한 소개가 있고, 각각 나름의 일관성을 갖추고 있다고 판단되어 싣는다.

이렇게 보면, 통신망 문학은 이제 썩 탄탄하게 주추를 내린 것으로 보인다. 이 괄목할 만한 진보는 예상보다 훨씬 빠르게 진행되고 있어서, 이 신생의 문화 공간에서 '속도'는 활동량의 지표라기보다 차라리 문화 그 자체의 실존태를 이루는 게 아닌가 하는 생각마저 들게 한다. 도대체 무엇이 이렇게 빠르게 지성의 공간을 팽창시키고 있는가? 차제에 우리는 문화의 현상학을 넘어 그것의 본질론에 대한 질문을 던져볼 필요가 있지 않을까 한다. 다시 말해, 이 자유롭고 다양하며 신속한 지식의 순환은 어떻게 가능한 것이며 또 무엇을 가능케 하는가?

상투화된 답들이 우선 있다. 개방성, 실시간, 양방향성, 기타 등등. 많은 사람들은 통신망의 이런 특징들이 인간 삶의 모든 제약들을 단번에 극복하게 해줄 수 있다고 주장한다. 지리적이고 시간적인 물리적인 한계들이 초월되고, 그리고 신원의 문제가 제기되지 않는다는 점에서 사회적인 장벽이 허물어진다는 것이다. 그리하여 이 공간은 구성원 각 개인들의 지식 능력을 최대로 활성화시키면서, 그 능력들의 무한대의 조합과 종합을 가능케 해준다는 것이다. 이 유토피아적인 주장들을 장식하는 수식어들은 두루 무한, 즉 '한계의 초월'이라는 뜻을 담고 있다. 공간의 극대화, 다시 말해 공간(경계)의 소멸, 실시간, 즉 시간(차)의 붕괴, 그리고 익명성, 즉 사회성의 소멸. 그러니까 모든 무한은 영점으로 가는 것이다. 속도의 무한은 곧 속도의 영도에 이르는 것이다.

영도의 자리, 영점의 장소는 법칙이 부재하는 곳이다. 모든 각도는 법과 저항의 동시적 현존을 가리킨다. 각도란 어긋남이기 때문이다. 바로 그 의미에서 영도의 장소는 구속이 없는 장소, 즉 무법의 장소이다. 한데, 이 유토피아적 몽상에 우리가 물어야 할 것이 바로 법칙이 아닌가? 다시 말해, '어떻게' '어떤 경로를 통해' 각 개인들의 지식 능력이 최대한 활성화될 수 있으며, 이 능력들의 순열 · 조합을 이끌 규칙들의 확률 분포는 어떻게 될 것인가, 라고 물어야 하지 않는가? 테크노피아는 유토피아가 아니기 때문이다. 오히려 그 둘은 엄격한 반대말이다. 테크노의 그리스어 어원 technê는 기술, 직업이라는 뜻이며, 기술은 법칙의 다른 태(態)다. 자기 부정 지시사를 담고 있는 유토피아와 달리 테크노피아는 자기 원칙을 가지고 있는 장소이다.

그러니, 우리는 이 만가쟁명의 통신 공간에서 어떻게 문화의 규칙이 수립될 수 있는가를 물어야 한다. 규칙은 '통신,' 즉 커뮤니케이션의 토대이다. 규칙, 즉 코드가 맞지 않는 곳에서 커뮤니케이션이 가능할 수 있을 것인가? 비릴리오나 보드리야르의 극단적인 주장처럼 이 통신 공간이 오히려 개인들의 고립과 사회망의 총체적 붕괴를 야기하지 않을까? 아니면, 피에르 레비가 역설하고, 또한 성장기 통신 문화인들의 모범적인 실천이 기대케 하듯이 스스로 자율적이고 유연하며, 가변적인 코드 체계를 만들어낼 것인가?

전자의 비관이나 후자의 낙관은 모두 지나치다. 왜냐하면 그 코드를 가능케 하는 토대 원리에 대한 질문이 누락되어 있기 때문이다. 지금 우리에게는 이 토대 원리를 측지해야 할 임무가 닥쳐 있다.

발제를 낙관적인 기대 쪽으로 끌고 간 것은 무엇보다도 통신 문학의 현황이다. 실로 "대학에서, 기성 문단에서, 문화계에서 사라진 진지한 인문적 지성과 치열한 문화적 토론을 '뉴미디어'에서 새롭게 발견하게 될지도 모른다. 이 얼마나 유쾌한 역설인가!"라는 탄복이 우러나올 만큼 오늘의 통신 비평 공간은 어느 지식 공간보다도 생기를 띠고 있다. 그러나, 이 긍정의 불꽃 축제에 재를 뿌리는 부정적인 이견도 또한 있을 수 있다. 그것은 기존의 문화 공간에서 토론의 축제가 어디에서 벌어졌었던가를 살펴봄으로써 쉽게 유추할 수 있다. 물론 기존의 그 공간은 대학 문화를 말한다. 특히, 성장기의 인간이 거의 처음으로 삶의 의미에 대한 질문에 접하며, 오랜 독재 정권으로 불가피하게 반사회적일 수밖에 없었던 한국의 대학 공간이 그것이다. 그 대학 문화가 가능했던 일단의 이유를 나는 어느 글에서 그 공간의 '비생산적' 성격, 즉 그곳이 생산으로부터 제외된 지대라는 데에서 찾았다. 나는 그것을 오늘의 통신 문화 공간에도 적용할 수 있다고 생각한다. 특히, 문학·문화 비평 공간은 더욱 그렇다. 통신망 내의 다른 공간과 달리 문학란은 통신망 전체와 융해적이고 삼투적이지 않다. 오히려 대립적이고 변별적이며, 그 대립, 변별을 통해서 통신망의 발전에 기여한다. 그 점에서 문학 · 문화적 토론의 광장은 통신망 일반의 생산 원리로부터 비껴나 있다. 물론, 통신망을 통해 발표한 소설이 책으로도 출판되어 상업적 성공을 거둔 사례들을 우리는 익히 들어왔다. 그러나 부대적 활용과 원리적 기능은 다른 것이다.

통신망 내의 문화 비평의 공간이 비생산적 공간이라는 것은 그 안에서 통신망의 활용과 향유는 가능하지만, 통신망의 운용 원리에 대한 하드웨어적 접근은 원칙적으로 차단되어 있으며, 통신인들이 그 공간을 '새로운 공공 영역'으로서 활용할수록 그에 반비례해 더욱 그렇게 된다는 것을 뜻한다. 생산의 무대는 다른 무대이다. 그리고 그 무대는 결코 중성적이고 투명한 거울이 아니다. 우리는 오늘날 치열하게 벌어지고 있는 운영 체제 전쟁이 단순히 기술적 완성도만으로 측정할 수 없는 아주 이질적인 요인들에 의해서 좌우되고 있다는 것을 잘 알고 있다. 통신망이 그러한 불투명성, 혹은 생산의 뒷무대로부터 자유롭다고 할 수 있을 것인가?

나는 통신망 내의 탈-생산적 지대가 생산의 무대에 '반성적으로'(다른 공간들이 협업적으로 생산의 무대에 참여하는 것과 달리) 들어가는 통로의 역할을 할 수 있어야 한다고 생각한다. 솔직히 말해 나는 그것이 통신망 인프라의 어느 심층까지 침투할 수 있을 것인지 짐작할 수 없다. 이미 여러 곳에서 얘기했던 것처럼 컴퓨터 공간은 생산과 향유가 특이하게 분리된 공간이기 때문이다. 그러나, 그럼에도 불구하고, 혹은 그렇기 때문에 더욱 그 통로를 뚫는 노력은 값진 것이 될 것이다. 그 점에서 본다면, 통신망 문학이 또 다른 권력을 지향하고 있지 않은가에 대한 논쟁이나 "통신을 통해 창작 활동을 시작한 소설가들이 기성 문단에 자리를 잡으면서 통신 활동을 중단하거나 최소한도로 줄이고 있"다는 발제의 지적은 시사적이면서도 부수적이다. 그런 논의 혹은 문제는 오직 통신망 문학·문화 공간을 향유의 공간으로 전제할 때 발생할 수 있다. 나는 이런 토론들이, 통신망의 생산의 뒷무대에 대한 질문으로 심화되기를 기대한다.

통신망 내 문학·문화 토론란의 탈-생산성은 또 다른 측면을 가지고 있는데 익명성에 따른 책임의 부재가 그것이다. 그 책임의 부재가 온갖 종류와 수준의 발언을 낳게 마련인데, 공간적 무한이라는 통신망의 구조적 잠재 특성은 이 발언 더미들에 대한 자율 조절을 어렵게 만드는 요인이 된다. 특히, 문제가 되는 것은 언어 폭력의 방치이다. 언어 폭력의 성층은 아주 여러 겹으로 이루어져 있다. 통신망 운영자는 당연히 가장 표면의 층, 즉 통신망의 사회적 품위의 층위만을 검열한다. 그러나 그 밖의 모든 폭력들, 다시 말해 비존중, 비논리, 강변, 억지 등등의 모든 폭력의 문제는 모두 통신망 구성원들 자신의 자정 기능에 떠맡기고 있다. 한데 그것이 어느 정도로 가능할지 우리는 아직 짐작할 수 없다. 어쨌든 그 자정을 위한 최소한의 원칙은 있어야 하는바, 나는 '공개성'이 그것이라고 생각한다. 지금 한국의 통신망은 이런저런 구실로(가령, 프라이버시의 존중) 신원 비공개를 허용하고 있는데, 나는 그것이 통신망 내의 민주주의를 오히려 거스를 수 있다는 것을 이 자리에서 밝혀두고자 한다. 어쨌든 이런 얘기는 이 영점의 지대, 탈제도, 탈사회의 장소에도 필연적으로 사회성이 설치될 수밖에 없다는 것을 뜻한다. 그 사회성이 많은 통신인들이 비판하는 종래의 위계 질서적 사회성과 같은 것인가, 아닌가는 오직 통신인들 자신에게 떨어지는 몫의 문제이다.   〔1997. 5〕

뉴미디어 문화의 엉덩이

　우선 질의자는 질의자가 평소에 생각하고 주장해온 것들의 상당 부분을 강교수의 발제에서 확인하는 반가움을 누렸음을 고백해야겠다. 문학의 위기는 '문자'의 위기로 받아들여져야 한다는 것, 문자의 위기는 더 이상 '인간'이 세계의 중심에 있지 않음을 뜻한다는 것, 그러니, 강교수의 표현을 빌리자면, '인간 이후'에 대해 생각해야 한다는 것, 그리고 따라서 전통적인 지식인상과 지식의 자율성이 이제는 포기되어야 한다는 것 등이 발제에서 섬세하게 논구되고 있다. 무엇보다도 강교수의 발제는 이런 생각들이 이제는 소수의 호기심의 대상이 아니라 지식인 일반의 긴박한 문제가 되었음을 깐깐하고 속도감 있는 문체로 전달하고 있다. 그럼으로써 강교수는 계몽의 강박관념과 전통적 선비 의식이 맞물려 특이하게 빚어진 한국적 지식인의 상을 무섭게 뒤흔들어대고 있다. 이제 지식인들은 그들의 '선민 의식'과 권위주의의 몰락을 정면으로 받아들이지 않을 수가 없게 되었다.

그러나, 그것이 지식인의 몰락을 곧바로 의미하지는 않을 것이다. 그런 사정을 따져보고자 오늘 '지식인'의 레테르를 단 분들이 모여 있는 것만 보아도 그렇다. 오늘의 문제는 자신의 위기를 정면으로 바라보고자 하는 데에 뜻이 있을 것이다. 더 나아가 오늘의 자리는 전통적 지식인의 덕목, 다시 말해, 강교수의 표현을 빌리자면, '비판적' 세상 읽기를 통해 삶의 뜻에 대해 질문을 던지는 기능이 아직도 유효한 것인지, 유효하다면 그것의 자리와 방향은 무엇인지에 대해 절박하게 토론해볼 자리가 되어야 할 것이다.

그런 의미에서, 강내희 교수의 발제에 질의자가 거의 대부분을 동의하고 있음에도 불구하고, 그것을 보충하고 좀더 논의를 활성화시키자는 의도에서 몇 개의 질문을 던져보기로 하겠다. 질문의 순서는 발제의 흐름을 대체로 따른다.

1) 발제문의 제목이 지시하는 대로 오늘의 이 자리는 '문학'을 위한 자리이다. 그런데, '문학'을 논하는 자리에서 왜 '지식'이 문제가 되는가? 발제문이 지적하는 대로, "문자 언어의 사도"임을 자처하던 문학은 동시에 지식과 진리의 사도이기도 했기 때문일 것이다. 따라서, 오늘의 문제는 이중적이다. 다시 말해, 문학의 위기는 전통적 지식인상의 위기와 그리고 시청각 매체의 발달은 대중의 반란과 긴밀히 맞물려 있다. 발제에서도 시사된 바이지만, 대중의 반란은 단순히 지식의 폐기로 이어지는 것은 아니다. 아마도 한국에서는 복

거일 선생이 이 점을 최초로 지적한 것으로 여겨지는데, 그것은 오히려 대중의 지식 소유가 늘어났다는 것을 의미하며, 그때 지식은 세상의 뜻을 밝히는 것으로서의 지식이 아니라, 기술적 이용력을 뜻하는 실용적 지식을 뜻한다. 따라서, 매체의 변화는 지식 자체의 의미의 변화를 동시에 수반하고 있다고 할 수 있다. 나는 사실상 대중의 반란을 이 지식 개념의 변화로 치환시켜서 이해해야 한다고 생각한다. 하지만, 문제는 그 사실 자체에 있는 것이 아니라, 그 지식 개념의 변화가 실질적으로 대중의 해방을 위한 길이 되는가에 있다. 오늘날 고급 예술(문학)/대중 예술(문학)의 구분이 점차 무의미해지고 있듯이, 지식인/대중의 구별 또한 점차로 무의미해질 것이다. 그러나, 그것이 곧바로 모든 대중이 지식인이 될 수 있다는 것을 의미하는 것일까? 실용적 지식과 (세상의 이치를 직관적으로 이해케 하는) 본원적 지식은 다르며, 실용적 지식의 양이 아무리 누적된다 하더라도, 그것은 구조적으로 본원적 지식으로의 도달을 함의하지 못한다. 그런데 여기에 함정이 있는 것이다. 왜냐하면, 모든 실용적 지식은 본원적 지식을 미리 전제하고 있기 때문이다. 그렇지 않으면, 어떠한 지식도 추구되지 않을 것이기 때문이다. 실용의 '용'이 그대로 암시하듯이 실용적 지식은 무상적으로 추구되지 않는다. 그것은 어떤 가정된 '행복'과 '진리'를 목적으로 두고 있다. 그러나, 실용적 지식은 그 가정된 '행복'과 '진리'가 정말 행복이며 진리인지에 대해서는 묻지 않는다. 그것을 결정하는 자는 누구인가? 그것을 그들 스스로는 아직 의식하고 있지 못하더라도 그 일을 담당할 사람들은 극히 소수의 기술 전문가들일 것이다. 마이크로소프트사의 꿈이 그러하듯이 아마도 이들이 앞으로 세상의 주도자가 될 것이며 바로 그 점에서 종래의 지식인/대중의 구별은 소멸하는 것이 아니라, 전문가/일반인의 구별로 대체된다고 봐야 될 것이다. 우리는 지식인의 위기와 대중의 반란을 얘기하기에 앞서 '전문가'의 등장을 이야기해야 한다. 전문가는 단순히 기술 숙련자가 아니다. 그들은 기술 결정권자들이며 그리고 테크놀러지 시대에서는 그들이 본원적 지식의 소유자가 될 것이다.

2) 그렇다면, 전문가는 전통적 지식인을 대체한 것인가? 질의자는 바로 여기에 아주 심각한 문제가 놓여 있다고 생각한다. 그것은 단순히 오늘의 테크놀러지 전문가들이 사회 도덕과 공공의 복리에 무관심하다는 것을 뜻하는 것이 아니다. 오히려 그들은 그 문제들에 대해 지나칠 정도로 관심이 많다. 질의자가 지적하고자 하는 것은 구조적인 문제이다. 그 구조적 문제는 무엇보다도 지식 순환의 재질로부터 온다. 즉, 문자 매체와 시청각 매체의 차이가 그것이다. 아니, 좀더 정확하게 말하자면, 시청각 매체라기보다는 정보 매체(비트를 기본 단위로 하는)와 문자 매체와의 차이라고 해야 할 것이다. 오늘날 문제가 되고 있는 시청각 문화는 구식 카메라 혹

은 녹음기로 찍고 녹음한 그대로 재생해낸 음향·영상의 문화가 아니라, 프랙탈 *fractal*, 몰핑 *morphing*, 신디사이징 *Synthesizing* 등의 디지털 부호 조작을 통해 자유 조작과 변형이 무한대로 가능해진 문화를 가리키기 때문이다. 단도 직입적으로 말하자면 문자는 지식의 생산과 수용의 일치를, 적어도, 공유를 가능하게 해준다. 그에 비해 정보 매체는 생산과 수용의 엄격한 분리에 기초해 있다. 무슨 얘긴가? 문자 텍스트는 쓴 글이 곧 읽는 글이 된다. 기본적 차원에서 글쓰기와 글 읽기는 동궤에 놓여 있다. 정보 매체에서는 그렇지 않다. 가령, 하이퍼텍스트를 생각해보자. 하이퍼텍스트 속에서 우리는 각종 문자 장식이 들어 있는 문자들과 정지·동적 영상, 음향을 한꺼번에 지각할 수 있다. 그것은 문자 언어에 비해 훨씬 감각적이고 쉬운 이해를 가능하게 하는 듯이 보인다. 하지만, 하이퍼텍스트의 작성자는 그러한 멋진 감각 복합체를 생산하기 위해 아주 복잡한 언어와 구문을 사용한다. 통상 HTML을 확장자로 가지는 하이퍼텍스트의 원본에는 이상한 기호들과 문자가 암호문처럼 나열되어 있을 뿐이다. 이 전문가만이 이해할 수 있는 난삽한 원본이 일정한 디코딩(인터프리팅 혹은 컴파일링) 과정을 거쳐 누구나 쉽게 이해할 수 있는 물건으로 재탄생한다. 나는 문자 문화가 '비판적' 지식인들을 가능하게 한 이유가 이 매질의 구조적 성격에 기인한다고 생각한다. 가령 '문학'은 근대의 산물이면서 동시에 근대에 대해 가장 근본적인 부정의 역할을 수행해왔다. 글쓰기와 글 읽기의 동위성은 그러한 자기 비판성을 가능케 한 가장 큰 조건 중의 하나가 아니었을까? 그 동위성이 쓰는 자와 읽는 자의 상호성을 가능케 하고, 동시에 쓰는 자로 하여금 그 스스로 읽는 자가 되도록 했던 것이다. 그런 점에서 문자문화는 반성적 장치를 내장하고 있는 문화—기계이다. 정보 매체에는 그러한 상호성이 존재하지 않는다. 제공과 향수는 언제나 일방 통행적이다. 우리는 여기에서 뉴미디어 문화가 제공한다고 주장되는 자유와 쌍방향성 *interactivity*에 교묘한 은폐가 있음을 알아차릴 수 있다. 뉴미디어 문화를 통해 누리는 자유와 상호 능동성은 향수의 장 내에 국한되어 있다. 자유와 상호성을 가능케 하는 조건의 생산 지대로는 사용자들은 거의 접근하지 못하는 것이다. 그럼에도 불구하고, 그 생산 지대는 결코 중립적 기술의 지대가 아니다. 그곳에서 자유와 상호성의 근본 형식이 사전에 결정되고 있는 것이다. 그리고 이러한 구조적 문제는 새로운 문화가 대중의 해방을 확대하는 쪽으로 발전한다고 말할 수 없게 만든다. 그들의 해방은 결코 건널 수 없는 울타리를 수락한 대가로 얻어지는 해방이 될 것이다.

전통적 문화 속에서 지식인이 대중에 대해 권위이었다면, 새로운 문화에서 '전문가'는 일반인의 영원한 대형(배후)이 될 것이다. 나는 새로운 테크놀러지 문화가 문자 문화와 달리 자기 반성을 내장하고 있지 않다는 것을 유념해야 한다고 생각한다(자기 반성적 장치를 내장하고 있지 않다는 것이 자기 반성을 할 수 없다는 뜻은 아니다). 최악의 경우, 세상은 소수의 전문가 집단에 의한 과두 독재의 세상이 될 수도 있다. 이 불길한 사태를 예방하기 위해서는 나의 생각으로는 이론적 차원에서는 새로운 문화 내부에서 '바깥으로부터의 사유'가 요청되며, 실천적으로는 문화의 생산 조건에 대한 감시 장치가 필요하다. 발제문이 되풀이해 강조하고 있는 '이론'의 중요성을 나는 이 방향에서 이해해야 한다고 생각한다.

3) 이러한 이야기들은 현대 예술의 문제에 곧바로 직결된다. 발제문은 오늘날 예술의 중요한 특징을 원본의 부재, 시니피앙의 전면화로 꼽고 있다. 여기서 '전면화'는, 발제자가 'foregrounding'이라는 영어를 부기하고 있는 것으로 보아, 전면화(全面化)가 아니라 전면화(前面化)를 뜻하는 것으로 보인다. 그러나 그럼에도 불구하고 그것이 전면화(全面化)로 읽힐 위험이 없는 것은 아니다. 왜냐하면 그 앞절에서 발제자는 원본의 부재(지시 대상 없음)와 그에 따른 '무한정한 복제'를 현대 예술의 특성으로서 두드러지게 강조하고 있기 때문이다. 만일 앞의 논의를 진지하게 고려한다면, 우리는 원본의 부재가 아니라 원본의 부재화(거세)이며, 시니피앙의 전면화(前面化)가 아니라 거세당한 시니피에에 대한 강박관념에서 헤어나지 못하는 시니피앙의 무한정한 표랑이 새로

운 문화의 특징이라고 말할 수 있다. 실제로 현대 문화의 특징은 고전적 문화 관념을 버리는 것이 아니라 그것을 활용한다. 극단적으로 말한다면, 그것은 후자를 최후의 알리바이로 두고 있다. '나도 스타'라고 하지 않는가? 그것은 모두가 스타가 될 수 있다는 환상 때문에 성공한 문구가 아니라, (다른 사람들은 몰라도) '나는 스타'가 될 수 있다는 환상 때문에 성공한 문구이다. 그처럼 모더니티의 원색 깃발들이 포스트모더니티의 곳곳에 산포되어 나부끼고 있다. 그렇지 않으면 그 모든 모사물들의 버라이어티 쇼는 곧바로 생기를 잃어버릴 것이다. 다시 한번 말하자면 모더니티는 포스트모더니티의 최후의 알리바이이다. 이러한 사정을 감안한다면, 오늘의 문화가 현실 재현을 부정한다는 것이 중요한 것이 아니라 재현 표상과 탈재현 사이의 교묘한 결탁을 투시해보는 일이 중요해진다.

4) 지식으로부터 문화를 거쳐 이제 문학에 대해 말할 때다. 시청각 문화, 아니 정보 매체 문화의 시대에 문학은 무엇을 할 것인가? 이 질문은 문학이 그 구조적 성격으로 말미암아 필연적으로 가질 수밖에 없는 문학만의 고유한 역할에 대한 질문을 거칠 때만 대답을 얻을 수 있다. 그것은 시청각 문화로 오늘의 시청각 문화에 대응하는 방안과 문학이 대응하는 방법은 다를 수밖에 없다는 것을 뜻한다. 발제문에서는 이 문제가 충분히 검토되고 있지는 않은 듯이 보인다. 그 대

신에 발제문은 재래 문화의 중심이랄 수 있는 '문학'에 대해 어쩌면 모순적일 수도 있는 이중적 과제를 부여하고 있다. 한편으로는 문학을 문화 연구의 일부로서 다룰 것을 제안한다. 다른 한편으로 문학에게 "'인간 이후'의 미래에 대한 '선점' 활동"이라는 거대한 의무를 부여하고 있다. 전자는 오늘날의 문화적 변화에 대한 긍정적 반응을 포함하고 있다. 후자는 문학(혹은 전통적 지식) 고유의 성찰적 기능을 확대시키고 있다. 이 두 과제는 모순된 것인가, 아닌가? 이 점이 혼돈 속에 놓여 있으면, 오늘날 문학의 이론적 중요성의 문제와 할리우드 영화의 치밀한 이론적 계산 사이의 차이를 분명하게 설정할 수가 없게 될 것이다. 또한 발제자가 제시하고 있는 "문학의 끊임없는 내부 '탈주'"는 그 두 과제의 일종의 종합적 해결책으로 보인다. 그러나, 그 오랜 전위적 실험들 이후 오늘날 우리가 깨닫게 된 것은 끊임없는 내부 탈주가 그 자체로서 세상 운동의 수동적 방출에 불과할 수도 있다는 것이다. 시니피앙의 무한한 탈주가 시니피에의 박탈이라는 운명 앞에서 일어나고 있기 때문이다. 물론 나는 끊임없는 내부 탈주에 대해 적극적인 동의를 보내는 입장이다. 다만 그것이 해방의 기획이 되기 위해서는 탈주라는 명제만으로는 부족하다는 생각이다. 그 탈주에 방향과 구조가 부여되어야 한다.

  5) 마지막으로 사소한, 그러나, 개념화의 차원에서는 필수

불가결한 한 가지 문제에 대해 질문을 던지기로 한다. 강교수는 '인간 이후'의 문제를 '우주론'으로 이름붙이자고 제안하고 있는데, 인간과 우주 사이에 설득력 있는 교량이 세워진 것처럼 보이지는 않는다. 상식적으로 인간과 우주는 범주가 다른 개념이다. 후자는 공간학적 개념이며 그것의 계열항들은 지구, 소립자, 외우주 등이다. 인간은 주체론적 개념이며 그것의 계열항은 생명, 동·식물, 기계 등이다. 주체론적 관점에서 보자면 '인간 이후'의 세계는 기계류 혹은 잠정적으로는 사이보그의 세상을 가리킨다고 할 수 있다. 그 점에서 '인간 이후'의 세계는 '복제 생명' 혹은 '생명 복제'의 세계라고 이름붙이는 것이 더 나아 보인다(물론, 그것이 언제 어떻게 확정될지를 예측하기란 불가능하며, 꼭 그렇게 되리라는 보장도 아직은 없다. 모든 미래학은 위험한 것이다). 범주의 차이를 건너뛰어 그것에 '우주론'이라는 용어를 굳이 붙인 데는 강교수 나름의 어떤 생각이 있어서였는지 궁금하다.

〔1995. 10〕

어느 항해자의 심심하고 쓸쓸한 명상

다이애나 왕세자빈의 죽음으로 온 세상이 소란했을 때, 나는 『르 몽드』지에서 "적나라한 진실은 (파파라치의) 사진기가 우리의 이름으로 작동한다는 것이다. 그것이 관음증 환자가 되는 것은 우리와 미(美) 사이에 관음증의 관계가 놓여 있기 때문이다"라는 살만 루시디의 기고 기사를 읽고 있었다. 이란 정부의 공식 암살 명령으로 생명의 위협에 처해서, 보호와 노출의 이중 첩자의 역할을 수행한 언론과 수없는 숨바꼭질을 해야만 했던 한 연약한 소설가의 시선은 지금 문제가 되고 있는 것은 돈벌이에 혈안이 된 소수의 무책임한 언론인이 아니라, 바로 우리들 자신의 집단적 욕망이고 그 욕망을 부추기고 동시에 통제하는 언론 기구 그 자체라는 것을 꿰뚫어보았던 것이다.

나는 9월 14일자의 그 기사를 9월 15일 새벽에 읽었다. 지구 자전에 의한 시간차를 고려한다면 나는 완벽한 실시간 *real time*으로 수만 킬로미터나 떨어진 나라의 석간 신문을 읽은 것이다. 이것을 가능케 한 것은 인터넷이라는 거대하고 괴상한 거미줄이다.

인터넷은 바다인가? 미궁인가? 나는 고독한 항해자인가? 버둥거리는 파리인가? 마우스를 서너 번 꿀럭거리는 것만으로 이 가상의 공간에 들어설 때마다 나는 불가해한 의혹 속에 사로잡힌다.

'정보의 바다'라는 별칭이 가리키고 있듯이 물론 인터넷은 정보에 물량과 속도를 보태주는 공간이다. 나도 다르지 않다. 내가 거의 기계적으로 선택하는 항로들은 나의 직업과 밀접하게 연관되어 있다. 항해선(Netscape)을 띄우자마자 나는 『르 몽드』지(http://www.lemonde.fr)로 향한다. 언뜻, 조스펭 정부가 교육 개혁을 위해 프랑스 국민들에게 세금 부담을 요구하고 있는데도 국민들의 지지도가 떨어지지 않았다는 기사가 읽힌다. 오호라, 프랑스 국민들은 동참을 원하는 정부를 원한다? 그래, 미테랑이 그렇게 오랫동안 사회당을 쥐고 있는 게 아니었어. 시라크—쥐페 정부는 공 찰 데를 찾지 못한 국민들이 잠시 공을 골 라인 아웃시킨 것일 뿐이야. 그런데, 우리는 언제 한번 이런 식으로 몸달아보지?

특히 금요일자 신문은 방대한 서평 기사를 담고 있기 때문에 전화비를 절약하기 위해 아예 하드디스크에 저장부터 시작한다. 그 서평들 중에서 꼭 사봐야 할 책을 표시해뒀다가 어느 정도 모였다 싶을 때면 『르 몽드』에서 운영하고 있는

사이버 서점(http://www.lemonde.fr/livres/index.html)을 두드
린다. 지불은 신용 카드가 자동으로 처리해주니, 마누라의
눈총만 잘 비켜가면 될 것이다.

『르 몽드』지를 벗어나면 잠시 나는 허둥거린다. 프랑스 쪽
의 사이트들은 아직 들를 만한 곳이 많지 않다. 정보화 사회
에 대한 성찰들을 수록하고 있는 『테르미날』(http://weblifac.
ens-cachan.fr/Terminal)과 캐나다 몽레알 대학의 『쉬르파스』
(http://tornade.ERE.UMontreal.CA/~guedon/Surfaces)가 그나
마 가볼 만한 곳이다. 그래, 역시 미국으로 가야 해! 한때 아
메리칸 드림에 불탔던 이민자들처럼, 혹은 공부 못하는 자식
을 미국으로 조기 유학시키는 한국의 부모들처럼 나도 미국
을 향해 돛을 올린다. 그곳에 가면 없는 게 없다. 프랑스어
문헌을 비롯해 세계의 문학 텍스트들을 심심치 않게 공짜로
주울 수 있는가 하면, 세계의 철학자들에 대한 접속 경로를
모아놓은 '현대 철학, 비판 이론과 포스트모던 사상'(http:
//www.cudenver.edu/~mryder/itc_data/postmodern.html)과 철
학과 기술과 문화에 관한 주목할 만한 글들을 모아 싣고 있
는 『시―시오리』(http://www.ctheory.com/ctheory.html), 전자
문명 사회에 관한 성찰과 실천적 가능성을 탐구하는 사이버
잡지인 『포스트모던 컬처』(http://jefferson.village.virginia.
edu/pmc/contents.all.html), 그리고 미국 내 유수한 대학들의
학술지 종합 도서관인 '프로젝트 뮤즈'(http://muse.jhu.edu/

journ_descrip/browse_long.html)······ 이런 고답한 사이트들말
고도 영화에 관한 방대한 데이터베이스를 담고 있는 '국제
영화 데이타베이스'(http://us.imdb.com), 각종의 서점,
ZDNet을 비롯한 쉐어웨어 제공 사이트들에 이르기까지 정
말 바다는 넓고 시간은 짧아서, 쏟아지는 졸음이 원망스러울
지경이다.

　역시 세계화는 미국화다. 아니, 미국화가 세계화다. 자본
과 기술이 모두 이곳에서 나온다! 이 감탄이 뭉클한 감동으
로 폐부를 촉촉이 적시려는 순간, 나는 불현듯, 망치로 얻어
맞은 듯한 둔중한 충격음을 뒤통수에 느낀다. 내가 지금까지
무엇을 하고 있었던가? 내가 이 고요한 신새벽에 서너 시간
을 앉아서 한 일은 남의 잔치에 구경가서 공짜로 몇 점 얻어
먹은 것에 불과했던 것이다. 인터넷의 가장 큰 특성이라고
얘기되고 있는 쌍방향성 *interactivity*을 나는 어디에서 어떻
게 경험했던가? 기억 상실증에 걸린 환자처럼 나는 혼미해
진다. 그래, 그건 아직 겪지 못한 거다. 나는 지금까지 누가
문화 유산을 답사하듯이 열심히 세계 유산을 답사한 셈이다.
그러나, '아직'이니까 '앞으로'는 그 신비의 쌍방향 열차도
운전해볼 기회가 있으리라. 한데, 그러자면, 무엇보다도 영
어를! 세계화는 곧 미국화니까 말이다(하긴, 몇 달 전 『카이에
뒤 시네마』에 실린 인터넷 경험담에서 프랑스 영화평론가도 같은
비명을 질러댔으니, 그것이 우리 일만은 아닐 것이다). 우리의

글도 영어로 번역해서 올리고, 생각도 영어식으로 해야 할 것이고, 심지어 일상 생활도 영어로 할 각오까지 해야 할 것이다. 바벨탑으로 좌절되었던 '한 입술'(단일 언어)을 향한 인간의 욕망이 인터넷을 통해 마침내 실현되는 모양이다. 그런데, 그때 우리는 한국인일까, 세계인일까? 모든 세계인은 그 문제의 쌍방향 공간에 정말 공평하게 참여할 수 있을 것인가? 왜냐하면, 이 공간은 정보 처리 주도자와 정보 처리 수용자 사이에 별의별 괴물들이 다 살고 있는 강이 흐르고 있기 때문이다.

만일 쌍방향성이 허울이라면? 나와 인터넷의 관계는 결코 관음증 환자의 그것을 벗어나지 못할 것이다. 그게 운명이라는 듯이 멀리 신새벽의 교회 종소리가 음침하게 울리고 있다.   〔1997. 10〕

군살

투명한 기억을 위하여

한때 강렬했으나 지금은 잊혀진 표현들이 있다. "그의 가운뎃손가락에는 콩알만한 군살이 박혀 있다"는 표현도 그 중의 하나다. 왕성히 활동중인 작가를 소개할 때 저널에서 빈번히 쓰던 상투적인 문구다. 지금, 그 표현은, 그러나, 사어가 되었다. 컴퓨터가 등장하고 키보드와 모니터가 펜과 원고지를 대신한 이후, 이제 손가락에 군살을 만드는 글쟁이는 없다. 때로 지나친 타자 업무 때문에 손끝이 고장나는 전문 기능사들이 있을 뿐이다.

사라진 것은 군살뿐만이 아니다. 우리는 어느새 깊은 강을 건너왔다. 낡은 어떤 것들도 흔적도 없이 지워지는 망각의 강을. 유신 시대와 1980년 광주에 대한 쓰라린 기억도, 변혁의 이념과 1987년의 6월 항쟁도, 그리고 문학이 진실을 가리키는 힘을 가지고 있다는 믿음도 강 저편에서 낙오하였다. 때로 그것들을 날라오는 통통배들이 없는 것은 아니지만, 강 이쪽에서 그것들은 더 이상 집단적 환기력을, 롤랑 바르트라는 프랑스 비평가의 독특한 표현을 빌리자면, 군서적(群棲的) 특성을 상실하였다. 그것들은 웅성거림에 대한 호기심, 이국적 흥미, 빠진 티눈의 허전함을 제공할 뿐이다.

우리가 군살을 한탄한다고 해서, 사라진 그것이 다시 돋아날 조짐도 까닭도 없다. 우리는 이미 정보화 사회이자 소비사회인 새 문명의 온갖 편리함을 기분 좋게 누리면서 살아간다. 다만, 그래도 군살을 말할 필요가 있다면, 그것은 그것이 삶의 근본적 기능의 상실을 지시하는 하나의 은유가 될 때이다.

우리가 불과 몇 년 전의 일을 깡그리 잊어버린 채로 살고 있다면, 그것은 변화의 급격성과 압도성 때문만이 아니라, 변화한 세상의 구조적인 특성이 그 망각을 부추기고 있기 때문이기도 하다. 생각해보면, 우리가 막 접어든 새로운 사회, 소비가 생산력이 되고, 수학적 분해·합성이 창조가 되며, 욕망이 가능한 미래로 치환되는 오늘의 세상은 기억을 말소시키는 기이한 기운으로 가득 차 있다. 물론, 이 사회의 대표적 표지인 컴퓨터는 기억·연산 장치이다. 하지만, 컴퓨터에서 기억은 기억 그 자체로서 존재하지 못한다. 그것은 곧바로 프로그래밍을 통해 변환될 자료로서의 가치만을 가질 뿐이다. 그처럼 새 문명 사회에서는 어떤 과거든 분해·합성되어 미래로 돌변하여버린다. 새로운 사회는 새로움의 유령들이 횡행하는 사회다.

기형도가 "투명한 기억"이라고 부른, 있는 그대로의 기억도, 자료도, 집착의 대상도 아니라, 회환과 상처와 에로스와 몽상이, 간단히 말해 지나온 역사의 숨결이 통째로 들고 빠져나가는 숨구멍으로서의 기억은 이제 존재의 처소를 잃어버렸다. 어떤 기억이든 뚫린 구멍으로서가 아니라, 딴딴하고도 휘발적인 입자들로 우수수 떨어지는 것이다.

아마도, 내가 여전히 문학을 버리지 못하고 있다면, 문학이 투명한 기억에 터전을 빌려줄 수 있는 거의 유일한 장소이기 때문일 것이다. 죽어가는 문학, 죽어가고 있다고 말해지면서, 영악한 문화 산업가들에 의해 희귀한 기념물로 점점 특산화되어가고 있는 문학은, 그 실존의 양태 자체가 기억의 상징이다. 그렇다는 것은 그것이 문명의 방향에 반성과 성찰의 딴지를 걸 수 있는 힘을 가지고 있다는 것을 뜻한다. 그것이 나를 구원하지는 못한다 하더라도, 그것이 나를 살게 하리라.

〔1997. 3〕

원문 출처

* 본문 게재순

「깬 채로 흘리지 않기」—『씨네 21』, 1996년 12월 10일자.

「문화 산업이 아니라 문화가 문제다」— 경향신문, 1998년 2월 27일자.

「오늘의 미래 편식증」—『씨네 21』, 1997년 3월 28일자.

「미래 정책은 없었다」— 경향신문, 1998년 4월 10일자.

「영어=국제어를 둘러싼 고통스런 잡음들」— 조선일보, 1998년 7월 14일자.

「대한국인이 갓길을 침범할 때」—『씨네 21』, 1996년 5월 28일자.

「밀리터리 룩, 혹은 압제를 그리워하기」—『씨네 21』, 1996년 10월 22일자.

「검열을 곱씹기」—『씨네 21』, 1996년 11월 19일자.

「신세대 문학과 혼성 모방」— 인하대학신문, 1997년 5월 31일자.

「문학 제도에 대한 단상」—『오늘의 시』, 1993년 하반기호.

「영화는 기술 문명의 동반자인가?」—『씨네 21』, 1996년 3월 7일자.

「사람들이 이미지를 향해 간 까닭은?」—『씨네 21』, 1996· 4월 16일자.

「이미지냐 현실이냐는 잘못된 문제다」—『씨네 21』, 1996년 5월 7일자.

「움베르토 에코가 착각한 것」—『씨네 21』, 1996년 6월 25일자.

「영화의 미래에 대한 영화인들의 공포」—『씨네 21』, 1996년 7월 16일자.

「미래의 영화에도 심연이 있다」—『씨네 21』, 1996년 8월 6일자.

「이미지로 이미지를 쏜다」—『가나아트』, 1996년 9~10월호.

「지독한, 지긋지긋한 그것」 — 중앙일보, 1996년 7월 4일자.

「허무로 난 길」 — 조선일보, 1993년 3월 6일자.

「컴퓨토피아는 장밋빛인가」 — 『씨네 21』, 1996년 1월 16일자.

「하이퍼텍스트가 나무에서 떨어질 때」 — 『씨네 21』, 1996년 9월 3일자.

「텍스트에 관한 아주 다른 생각들」 — 『씨네 21』, 1996년 9월 24일자.

「How PC 속의 Why PC」 — 『How PC』, 1996년 11월호.

「컴퓨터에는 낭만이 없다?」 — 『How PC』, 1996년 12월호.

「나는 '그날'을 부르고 싶었다」 — 『How PC』, 1997년 1월호.

「컴퓨터가 할 수 없는 것이 있을까?」 — 『How PC』, 1997년 2월호.

「몸, 혹은 사람과 컴퓨터 사이」 — 『How PC』, 1997년 3월호.

「가상은 실제의 반대말이 아니다」 — 『How PC』, 1997년 4월호.

「하이퍼텍스트의 불안」 — 『How PC』, 1997년 5월호.

「컴퓨터식 사유에는 조사가 없다」 — 『How PC』, 1997년 6월호.

「문학의 크메르 루즈」 — 『문학동네』, 1995년 봄호.

「영도의 공간, 유형의 체제들」 — 하이텔 문학관 5주년 기념 심포지엄, 'PC 통신 문학의 현황과 전망,' 1997년 5월 28일.

「뉴미디어 문화의 엉덩이」 — 문화체육부 · 학술진흥재단 주최, '뉴미디어 시대의 문화 정책' 심포지엄, 1995년 10월 17일.

「어느 항해자의 심심하고 쓸쓸한 명상」 — 『신동아』, 1997년 11월호.

「투명한 기억을 위하여」 — 서울예전학보, 1997년 3월 29일자.

문지스펙트럼